CAROLINE CHAGAS PRATES
EDUARDO SOARES BATISTA

GESTÃO ESTRATÉGICA DE OPERAÇÕES

Freitas Bastos Editora

Copyright © 2024 by Caroline Chagas Prates e Eduardo Soares Batista.
Todos os direitos reservados e protegidos pela Lei 9.610, de 19.2.1998.
É proibida a reprodução total ou parcial, por quaisquer meios,
bem como a produção de apostilas, sem autorização prévia,
por escrito, da Editora.

Direitos exclusivos da edição e distribuição em língua portuguesa:

Maria Augusta Delgado Livraria, Distribuidora e Editora

Direção Editorial: *Isaac D. Abulafia*
Gerência Editorial: *Marisol Soto*
Revisão: *Sabrina Dias*
Diagramação e Capa: *Julianne P. Costa*

Dados Internacionais de Catalogação na Publicação (CIP) de acordo com ISBD

```
P912g    Prates, Caroline Chagas
             Gestão Estratégica de Operações / Caroline Chagas
         Prates, Eduardo Soares Batista. - Rio de Janeiro, RJ :
         Freitas Bastos, 2024.
             236 p.; 15,5cm x 23cm.

             Inclui Bibliografia.
             ISBN: 978-65-5675-372-0
             1. Administração. 2. Gestão Estratégica de Opera-
         ções. 3. PCP. 4. Planejamento e controle da produção.
         5. Indústria 5.0. 6. Economia circular. 7. Kaizen. 8.
         Seis sigma. 9. ERP. 10. MRP. 11. Teoria das restrições.
         12. FMEA. I. Batista, Eduardo Soares. II. Título.
                                                    CDD 650
2024-2                                              CDU 65
```

Elaborado por Vagner Rodolfo da Silva - CRB-8/9410

Índices para catálogo sistemático:
1. Administração 650
2. Administração 65

Freitas Bastos Editora
atendimento@freitasbastos.com
www.freitasbastos.com

SUMÁRIO

1 – ADMINISTRAÇÃO DA PRODUÇÃO E OPERAÇÕES 5
1.1 Conceitos básicos 5
1.2 Evolução Histórica 11
   1.2.1 Fordismo 16
   1.2.2 Sistema Toyota de Produção 22
   1.2.3 Produção *Lean* 37
   1.2.4 Sistema Hyundai de Produção 42
   REFERÊNCIAS 45

2 – ESTRATÉGIA DE PRODUÇÃO 48
2.1 Estratégia Empresarial x Estratégia de Produção 48
2.2 Objetivos de Desempenho da Produção 52
2.3 Projeto de Produtos e Processos 58
   2.3.1 Noções de projetos 58
   2.3.2 Projeto de Produtos e Serviços 65
      2.3.2.1 Geração do Conceito (projeto conceitual) e Triagem 70
      2.3.2.2 Projeto Preliminar 74
   2.3.3 Projeto de Processos 81
      2.3.3.1 Processos de Projeto 85
      2.3.3.2 Processos de *Jobbing* 86
      2.3.3.3 Processos em Lotes ou Bateladas 87
      2.3.3.4 Processos de Produção em Massa 88
      2.3.3.5 Processos Contínuos 89
      2.3.3.6 Serviço Profissional 90
      2.3.3.7 Loja de Serviços 91
      2.3.3.8 Serviços de Massa 92

2.4 Estudo de Caso e Questões de Fixação 93
REFERÊNCIAS 96

3 – PLANEJAMENTO E CONTROLE 99
3.1 Planejamento e Controle da Produção (PCP) 99
  3.1.1 Introdução ao PCP 99
  3.1.2 ERP 111
  3.1.3 MRP 114
  3.1.4 OPT e TOC 117
3.2 Planejamento e Controle da Capacidade 124
  3.2.1 Medição de Demanda e de Capacidade 126
  3.2.2 OEE e OLE 134
3.3 Planejamento e Controle da Qualidade 140
  3.3.1 As Sete Ferramentas da Qualidade 144
  3.3.2 PDCA 155
  3.3.3 FMEA 158
  3.3.4 Kaizen 162
  3.3.5 Seis Sigma 165
3.4 Planejamento e Controle da Rede de
    Suprimentos 177
  3.4.1 Evolução 184
  3.4.2 *Costumer Relationship Management*
    (CRM) 186
  3.4.3 Resiliência e Efeito chicote na Cadeia de
    Suprimentos 189
3.5 Estudo de Caso e Questões de Fixação 193
REFERÊNCIAS 196

4 – DESAFIOS DA PRODUÇÃO 203
4.1 Produção x Sustentabilidade 203
4.2 O Papel da Manufatura e da Logística na
    Economia Circular 208
4.3 Tecnologias de Produção 213
  4.3.1 Indústria 4.0 215
4.4 Indústria 5.0 228
REFERÊNCIAS 232

1 – ADMINISTRAÇÃO DA PRODUÇÃO E OPERAÇÕES

1.1 Conceitos básicos

Segundo Slack, Chambers e Johnston (2009), a Administração ou Gestão da Produção trata da maneira pela qual as organizações produzem bens e serviços. Em outras palavras, é a atividade de gerenciar recursos destinados à produção e disponibilidade de bens e serviços. Todos os bens e serviços que utilizamos em nosso dia a dia foram concebidos segundo um plano de produção, por mais simples que seja. Para Corrêa e Corrêa (2012), a Gestão de Operações ocupa-se da atividade de gerenciamento estratégico dos recursos escassos (humanos, tecnológicos, informacionais e outros), de sua interação e dos processos que produzem e entregam bens e serviços visando atender a necessidades e/ou desejos de qualidade, tempo e custo dos clientes. Essa atividade deve ser feita de tal forma que otimize sua utilização para benefício da empresa e do meio ambiente.

Todo produto ou serviço é obtido através de uma sequência de atividades chamada de processo. Segundo Ritzman, Krajewski e Malhorta (2009), um processo é qualquer atividade ou conjunto de atividades que parte de um ou mais insumos, transforma-os e lhes agrega valor, criando um ou mais produtos ou serviços para os clientes. Fundamental para entender a perspectiva de processos é a ideia de que todos os processos transformam entradas em saídas, de acordo com a Figura 1.1.

Figura 1.1 – Esquema de processo simplificado

Entradas – Inputs

Insumos
Matéria-prima
Mão de obra
informação

Transformação

Saídas – Outputs

Serviços
Produtos

Foco da gestão da produção

Foco da gestão de operações

Fonte: elaborada pelos autores (2024).

Entradas de processos é tudo que é necessário ser adicionado ao sistema para que ele transforme em saídas. Embora a etapa de transformação ou processamento seja considerada como a mais importante em um processo, se as entradas não forem adequadas, muitas vezes o processamento irá gerar saídas inadequadas. A importância crescente da área de suprimentos nas empresas está em que adquirir insumos de qualidade e a um custo adequado gera benefícios a todo o processo. Ao contrário, se um fornecedor não é confiável e entrega produtos com qualidade oscilante, ou mesmo em atraso, as posteriores etapas do processo sofrerão com isso, pois precisarão ajustar-se a fim de processar o que receberam. Se as entradas forem informações, se estas informações não forem exatas, ou mesmo inadequadas, todo o serviço que será desenvolvido através delas será falho. É como se um jornal recebesse de seus correspondentes determinada informação que, depois de transformada em notícia em um meio escrito, se revelasse falsa. O desenvolvimento de fornecedores confiáveis, através de uma parceria de longo prazo, vem se tornando uma prática cada vez mais comum. É percebido que atualmente a capacidade de competição e desempenho de uma empresa está na capacidade de competição e desempenho da cadeia de suprimentos da qual ela faz parte.

A transformação ou o processamento são todas as etapas pelas quais devem passar as entradas para serem transformadas em saídas. Em uma fábrica, é o conjunto de etapas da produção que transformarão laranjas em suco, por exemplo, ou as análises laboratoriais que serão feitas em um exame de sangue. Estas etapas seguem uma sequência determinada de operações, segundo parâmetros predeterminados. Indicadores de processo podem ser usados para conferir se a operação está ocorrendo dentro do previsto, com a qualidade e produtividade de acordo com o plano de produção. É comum a utilização da expressão cliente interno para caracterizar uma etapa do processo que sucede outra. Por exemplo, se uma etapa do processo é responsável pelo corte de chapas de aço, e a etapa subsequente pela dobra dessas chapas, a segunda etapa é cliente da primeira. Isso significa que a etapa de corte deve prover a etapa de dobra com um produto de acordo com as especificações de modo a possibilitar a adequada operação de seu cliente interno. A expressão cliente externo é quem vai adquirir o produto finalizado, que pode ser consumidor final ou outra empresa que utiliza o produto manufaturado como parte de seu próprio. Por exemplo, uma fábrica de alimentos enlatados que compra as latas de uma metalúrgica.

A saída é o que chega ao cliente ou consumidor. Podem ser tangíveis, ou materiais, como um automóvel, ou intangíveis, característica de serviços prestados, como uma consultoria. Não basta o produto ser produzido, se ainda estiver pendente a entrega até ele. Uma produção ótima pode ser prejudicada pelo atraso na entrega ou mesmo pela deterioração do produto em um depósito inadequado. De nada adianta as análises laboratoriais terem sido perfeitamente feitas se os resultados dos exames não chegarem às mãos do cliente de uma forma prática e rápida. Por esta razão, a logística de saída, também chamada de *outbound*, é fundamental tanto em termos de custo para a própria empresa quanto de satisfação para o cliente.

Predomina na literatura especializada que a gestão de produção esteja focada no processamento, ou seja, com a transformação das entradas (insumos, matéria-prima, informação, trabalho) em saídas (atendimento ao consumidor, produtos) dentro dos requisitos de qualidade, custo e segurança previamente determinados. A gestão de operações é mais ampla, abrangendo a área de suprimentos e logísticas de entrada (*inbound*) e logísticas de saída (*outbound*). A Gestão de Operações compreende as seguintes funções:

Gestão da demanda

- Função de interface entre a produção e o mercado;
- Relacionada à área comercial da empresa, muitas vezes, exercida pelo setor de vendas;
- Responsável pela previsão de demanda a longo, médio e curto prazo;
- Reconhecimento do mercado que se quer atingir e volume projetado;
- Definição de preços e de promoções;
- Administração dos pedidos.

Planejamento do negócio

- É o planejamento estratégico. Compreende a definição dos recursos de manufatura e de necessidades de materiais que a empresa necessitará a longo prazo;
- Definição de espaço físico, quantidade e tecnologia de recursos de fabricação, *layout* de máquinas, mão de obra, especificação dos produtos, o que será feito internamente e o que será comprado, definição de fornecedores e volumes que serão comprados, turnos de funcionamento;
- Desenvolvimento de fornecedores.

Planejamento operacional

- Planejamento de curto prazo feito com base na demanda prevista mais imediata ou nos pedidos que já foram feitos pelos clientes;
- Definir como a demanda vai ser atendida pela produção;
- Significa indicar detalhadamente como os recursos serão utilizados para atender a demanda;
- Escolha entre manutenção ou não de estoques;
- Definição de escalas e folgas dos funcionários.

Controle da produção

- Compreende as funções de acompanhamento do processo produtivo e de entrega dos produtos;
- Medição do desempenho (indicadores);
- Acompanhamento do fluxo de produção;
- Responsável por garantir que o sistema atenda adequadamente os clientes, permitindo a correção de falhas e desvios nos padrões estabelecidos de qualidade.

A função produção, ou simplesmente produção, é a parte da organização responsável por gerenciar os recursos destinados à produção, o que inclui as instalações destinadas ao processamento das entradas. A função produção deve compreender os objetivos de seus *stakeholders*. *Stakeholders* são as pessoas ou grupos de pessoas que podem ser influenciadas ou influenciar as atividades da operação produtiva. Por exemplo, operadores, outros setores da organização relacionados com a produção, sociedade, acionistas, fornecedores, consumidores. Muitas vezes, esses objetivos são conflitantes. Mesmo assim, a produção deve estabelecer seus objetivos.

Os objetivos mais amplos dos *stakeholders* formam o pano de fundo para o processo decisório da produção, mas o nível operacional necessita de um conjunto de objetivos mais estritamente definidos, que se relacione especificamente a sua tarefa básica de satisfazer as exigências dos consumidores. Estes são os **cinco objetivos de desempenho básicos** e eles se aplicam a todos os tipos de operações produtivas, seja manufatura, seja serviço: **qualidade, velocidade, confiabilidade, flexibilidade** e **custo** (Slack *et al.*, 2009).

Outro objetivo de produção comumente utilizado é a produtividade, sendo esta entendida como a razão entre o que é produzido por uma operação e o que é necessário para essa produção (Slack; Chambers; Johnston, 2009).

Sistemas de Produção

Os sistemas podem ser compreendidos como um grupo de componentes inter-relacionados que trabalham juntos rumo a uma meta comum, recebendo insumos (entradas do sistema) e produzindo resultados (saídas do sistema), em um processo organizado de transformação (Antunes *et al.*, 2008).

Uma empresa, quando observada desde um ponto de vista aberto, é constituída de vários subsistemas: finanças, produção, marketing, vendas, recursos humanos, entre outros.

Sistemas de Manufatura: Os sistemas de manufatura respondem pela adição concreta de valor ao produto, na medida em que são responsáveis pela transformação do objeto de trabalho, de uma condição inicial de matéria-prima, ou de componente intermediário, em uma condição final de produto acabado ou componente final (Antunes *et al.*, 2008).

Sistemas de Produção: Os sistemas de produção foram construídos com o objetivo de suportar e apoiar de forma efetiva o funcionamento dos sistemas de manufatura. Isso ocorre através de ações no sentido de operacionalização das funções de planejamento e controle do fluxo global de produção.

Ao longo do tempo, o homem aperfeiçoou os sistemas de produção de acordo com os insumos, forma de energia e tecnologia disponíveis e requerimentos da demanda. Deve ficar claro que os novos modos de conduzir uma produção ou um serviço não eliminam as maneiras anteriores de como isso era feito. O que ocorre é um aperfeiçoamento do que era feito antes em vista de novos cenários em que determinadas empresas estão inseridas. A próxima seção procura evidenciar os pontos principais que caracterizaram essas diferenças desses novos métodos produtivos.

1.2 Evolução Histórica

Ao longo do desenvolvimento da sociedade humana, o ser humano organizou-se para suprir suas necessidades e sobreviver em ambientes muitas vezes hostis. Desde organizações básicas de caça e coleta até nossa sociedade no século XXI, o ser humano desenvolveu formas de organização cada vez mais eficientes para prover bens materiais e serviços para suas crescentes necessidades. O que antes era necessário em sociedades de subsistência teve sua amplitude aumentada com o advento das trocas comerciais. Os excedentes produzidos por diferentes sociedades passaram a ser comercializados no mercado interno e externo, criando uma rede de produtores e consumidores.

Em decorrência disso, a gestão de operações passou por modificações decorrentes da incorporação de novas técnicas e tecnologias disponíveis. A produção até então em uma escala artesanal passou a ser mais exigida em virtude de uma ampliação do mercado consumidor. O comércio internacional, principalmente o inglês, através de seu sistema colonial, ampliou seu alcance, exigindo uma escala de produção que não conseguiria ser alcançada com os métodos de produção anteriores.

Adam Smith registrou em seu livro *A Riqueza das Nações* (1776) que a prosperidade das nações residia em sua capacidade de comercializar bens. Estes bens, por sua vez, tinham que ser produzidos de uma maneira mais otimizada e produtiva. O antigo método artesanal, em que os artesãos eram individualmente responsáveis por todas as etapas de produção de um determinado produto, não era capaz de acompanhar essa evolução necessária nos sistemas produtivos. Smith percebeu que a divisão do trabalho, no qual os diferentes empregados executavam tarefas específicas e repetitivas, levava a um aumento da produtividade (Smith, 2009).

Outro resultado da divisão do trabalho foi uma maior uniformização do produto final, já que as tarefas repetitivas de determinada operação acabavam por padronizar o seu resultado, reduzindo a variação de qualidade que caracterizava a produção artesanal. Com isso, a atividade artesanal passou a ser exceção, pois era mais vantajoso reunir os artesões sob um mesmo teto e propor-lhes atividades mais específicas, ao invés de serem responsáveis por todas as etapas individualmente. O resultado foi o surgimento de grandes fábricas possibilitadas por novas formas de geração de energia e equipamentos industriais.

As inovações tecnológicas que caracterizaram a Primeira Revolução Industrial na segunda metade do século XVIII basearam-se grandemente na aplicação industrial do vapor e na utilização de carvão como fonte de energia. No mesmo ano em que Adam Smith publicou A Riqueza das Nações, James Watt vendeu seu primeiro motor a vapor na Inglaterra (Corrêa; Corrêa, 2012). Com a utilização do vapor para a movimentação mecânica, o trabalho humano foi sendo gradualmente substituído, o que exigiu um aperfeiçoamento adicional ao que estava sendo produzido em termos de peças: peças mecânicas deviam ajustar-se de um modo que possibilitasse a funcionalidade do dispositivo. A exigência para isso era que a tolerância dimensional das peças deveria ser tal que peças do mesmo tipo, aleatoriamente montadas, dessem sempre o mesmo resultado, o que foi chamado de intercambialidade de peças. O norte-americano Ely Whitney organizou sua fábrica tendo em vista esse objetivo para o fornecimento de mosquetes para o exército dos Estados Unidos no final do século XVIII. Com esse sistema, as peças individuais eram produzidas em massa com tolerância suficiente para serem montadas sem necessidade de escolha prévia de peças (Hopp; Spearman, 2013).

Em um período de aproximadamente 40 anos, no final do século XVIII e início do XIX, algumas das principais características de organização industrial dentro do chamado sistema norte-americano de produção foram definidas, a saber: verticalização da fábrica, especialização do trabalho com produção em massa, mecanização, padronização de produtos, intercambialidade de peças. Tudo isso possibilitou a produção em grande escala, o que, aliado a um mercado consumidor em expansão, possibilitou ganhos de escala, significando que o custo unitário de produção de cada produto diminui à medida que se produz mais.

A produção industrial no século XIX beneficiou-se de diversos desenvolvimentos tecnológicos que alavancaram a produção e melhoraram a qualidade de seus produtos. Um exemplo significativo foi o aprimoramento da produção de aço, muito estimulado pela febril construção de ferrovias em diversas partes do mundo. O processo Bessemer, que teve sua patente registrada em 1856 por Henry Bessemer, obtinha aço em grande quantidade através de ferro gusa fundido. Nos processos anteriores, o aço era produzido através do aquecimento de barras de ferro pudlado (com numerosas partículas de escória) junto com carvão por vários dias. Essas novas tecnologias permitiram que a produção industrial crescesse muito, muitas vezes através de trabalhos estafantes em que mulheres e crianças participavam. O abuso do trabalho infantil e as longas jornadas de trabalho resultariam em leis trabalhistas que passaram a dar uma maior proteção aos trabalhadores.

Com o crescimento das fábricas e das etapas de produção, foi dada importância a dois fatores que complementavam o que estava sendo disponibilizado pela tecnologia. O primeiro foi a disposição espacial dos equipamentos. Em linhas de produção pequenas, as etapas pelas quais passava um produto eram próximas, ou as etapas de produção eram poucas, o que não sinalizava a necessidade de pensar muito em como deveriam estar dispostas as pessoas e as máquinas. Com o crescimento das fábricas, tanto em termos de trabalhadores, quanto em termos de complexidade, o arranjo físico das instalações e pessoas, também chamado de *layout*, passou a ser um fator de produtividade. O fluxo de produção, entendido como a sequência de etapas que o material em processo deveria seguir, tornou-se objeto de estudo e otimização. Anteriormente, predominava a disposição das máquinas agrupadas de acordo com a função que as mesmas desempenhavam. O princípio do fluxo em linha, por sua vez, as dispôs em uma ordem no chão de fábrica de acordo com a sequência das operações necessárias para sua transformação de matéria-prima ou partes em produto final. Isso permitiu uma redução do tempo de deslocamento e de processamento (Costa, 2000).

O segundo fator que mereceu a atenção de especialistas foi o trabalho e a eficiência. Coube a Frederick Taylor (1856-1915) o desenvolvimento de técnicas efetivas visando sistematizar o estudo e a análise do trabalho, no que viria a ser conhecido como estudo de tempos e métodos (Corrêa; Corrêa, 2012). Na administração científica proposta por Taylor, a busca era aumentar a eficiência dos processos, fazendo mais produtos com menos recursos. Taylor acreditava que a lógica da mecanização, em que determinados movimentos padronizados de fabricação são incorporados a uma máquina especializada e, assim, repetidos de maneira mecânica, poderia igualmente ser estendida à área do trabalho (Costa, 2000). Em 1911, ele publicou o livro *Princípios da Administração Científica,* no qual estabelece seus princípios de organização do trabalho:

- Selecionar o melhor trabalhador para cada serviço, passando em seguida a ensiná-lo e treiná-lo;
- Solicitar ao trabalhador uma produção nunca inferior ao padrão estabelecido;
- Predeterminar tarefas individuais ao pessoal e conceder-lhes prêmios quando realizadas;
- Controlar a execução dos trabalhos.

Caberia aos gerentes identificar as tarefas necessárias à produção, projetar o trabalho, dividir as tarefas entre os trabalhadores, definir os movimentos necessários a uma dada operação, definir o ritmo de produção e verificar se o trabalho estava saindo da forma como fora planejado. Restava aos operários a execução das operações planejadas, sem questionar ou modificar o planejamento detalhado feito pelos gerentes.

1.2.1 Fordismo

No início do século XX, a produção em grandes volumes tornou-se comum em vários tipos de indústria. Os ganhos de escala provavam ser possíveis em um mercado em crescimento, o que caracterizava os Estados Unidos na época. Nesse contexto, Henry Ford (1863-1947) é o melhor exemplo de um empreendedor que utilizou velocidade e grande produção conjugadas nas chamadas linhas de produção. Ford iniciou produzindo carros de forma artesanal nos fundos de sua casa. Em 1903, produziu pela primeira vez automóvel de forma industrial.

O modelo N surge em 1906 a um preço muito competitivo, mas foi com o modelo T (Figura 1.2), a partir de 1908, que Ford chegou a volumes antes nunca alcançados em termos de produtividade. A linha de montagem que Ford implementou a partir de 1913 tinha uma origem nas fábricas de desossa de animais, onde a carcaça de animais abatidos era transportada a postos fixos de trabalho. Ford imaginou que o mesmo poderia ser feito com automóveis. Ao invés dos trabalhadores locomoverem-se em torno de um objeto a ser montado, esse objeto seria transportado até diferentes pontos nos quais os trabalhadores o montariam gradualmente. Isso traria a vantagem de eliminar o deslocamento de pessoas e de facilitar a rapidez da montagem através de operações repetitivas por parte desses trabalhadores. Essa foi a origem da linha de montagem, paradigma de vários tipos de indústria até os dias atuais, principalmente automotiva. Na linha de produção, na maior parte das vezes, o trabalhador deveria executar apenas uma tarefa simples, o que requeria pouco treinamento e pouca especialização. Assim como Adam Smith já previa, "o aumento da eficiência produtiva está vinculado ao trabalhador individual, decorrente do fracionamento e especialização de tarefas" (Costa, 2000, p. 11).

Figura 1.2 – Ford Modelo T

Fonte: Ford Media Center (2023).

Em sua fábrica de Highland Park, Ford reduziu o tempo de produção de um modelo T de 12,5 horas para 1,5 hora. No ano fiscal de 1916/1917, Ford vendeu cerca de 730 mil unidades, o que representou um terço do mercado de automóveis de todo o país (Hopp; Spearman, 2013). Entre 1908 e 1927, ano em que esse modelo foi descontinuado, Ford produziu e vendeu 15 milhões de unidades (Corrêa;

Corrêa, 2012). A fórmula de Ford era simples e direta: carros de baixo custo produzidos rapidamente e volume alto de vendas traria uma receita que possibilitaria a produção em massa como na Figura 1.3. Ford era um idealista que via a sua indústria como um bem para a sociedade. O automóvel era visto por ele como o multiplicador do progresso e de bem-estar para as famílias. Nos finais de semana, o automóvel proporcionaria horas de lazer, para passeios e piqueniques. Para isso, o preço do modelo deveria ser acessível, o que exigia que o custo de produção fosse baixo (Ford, 1927).

Figura 1.3 – Modelo simplificado da filosofia de produção de Ford

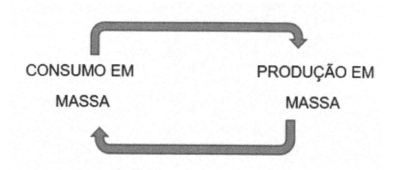

Fonte: Elaborada pelos autores (2024).

Para que o esquema da Figura 1.3 se concretizasse, deveria existir a resposta do mercado consumidor. Isto pode ser percebido através da maneira pela qual ele atribuía importância à remuneração adequada aos seus funcionários. Os trabalhadores de Ford tinham uma progressão salarial que era inexistente em outras empresas, pois ele esperava que seus próprios funcionários pudessem adquirir os produtos que fabricavam. Isso foi possível com um controle de custos que a linha de montagem proporcionava através dos ganhos de escala e de uma racionalização do tempo de montagem e otimização das tarefas repetitivas. Ford trouxe para a linha de produção os princípios da administração científica com a divisão de trabalho, a escolha do trabalhador certo para o trabalho e a técnica de tempos e movimentos para otimizar as tarefas manuais.

Outro aspecto que refletia o custo baixo de produção era a uniformização dos produtos. Ford não tinha diferentes modelos de automóveis. Ele tinha seu modelo T preto, todos iguais, que evitariam perdas desnecessárias de tempo para trocas na linha (tecnicamente chamado de *set up*, ou tempo de troca de ferramentas). A uniformização dos produtos atingia velocidades espantosas de produção a partir da intercambialidade de peças produzidas em grande quantidade e disponíveis em cada posto de trabalho. Modificações no produto final eram feitas depois do carro estar pronto, como para-choques diferentes ou algum outro acessório que o cliente desejasse.

Outro aspecto que Ford considerava crucial para atingir seus objetivos era de verticalizar a cadeia de suprimentos, ou seja, produzir todas as partes que seu carro necessitaria, ao invés de comprar de terceiros. A necessidade de manter a linha de produção em constante funcionamento e a exigência de insumos adequados à sua necessidade levou a uma gradual verticalização da empresa. Isso incluía a metalurgia das partes, dos vidros, navios e ferrovias para o transporte das matérias-primas e até mesmo uma tentativa de produzir seus próprios pneus a partir de seringais na Amazônia. Segundo Costa (2000), a planta verticalmente integrada resultou de estratégia empresarial de maximizar a fabricação em massa e reduzir custos.

Ford enfrentou uma concorrência muito forte da General Motors (GM) a partir dos anos 1920. A GM surgiu a partir de uma fusão de várias empresas (William Durant, proprietário da Buick, organizou uma *holding*). Depois de alguns anos iniciais de insucesso, Alfred Sloan foi contratado como executivo da empresa e a profissionalizou. Sloan é o primeiro executivo profissional da indústria financeira e deixou claro que o propósito da GM não era produzir automóveis, mas ganhar dinheiro. Sloan sabia que a GM havia nascido da junção de outras empresas, o que lhe conferiu, desde o início, um caráter mais descentralizado, com as diferentes divisões de automóveis tendo ampla autonomia. Esta falta de coordenação conjunta fez com que em determinado momento, a empresa tivesse diferentes linhas de automóveis que competiam em uma mesma faixa de preço (canibalização) e os gerentes de divisão não conseguiam se manter dentro dos limites autorizados para gastos com estoques ou capital (Sloan, 2001).

Sloan também salientou que a GM necessitava de um conceito de negócio de automóveis. O conceito da Ford, por exemplo, era um modelo sem variação ao menor preço do mercado. Na época, nenhum fabricante apresentava uma linha completa de carros, nem uma linha tão ampla como a GM. Havia, no entanto, pouca coordenação. Cada divisão operava de forma independente, criando suas próprias políticas de preços e produção, ocorrendo a canibalização já mencionada. Estava claro que era necessário limitar o número de modelos e eliminar as sobreposições existentes. Foi nessa época que Sloan disse "declaramos que o principal objetivo da corporação era ganhar dinheiro e não apenas fazer carros" (Sloan, 2001, p. 54).

Dessa forma, foi criada uma estratégia designando os carros que competiriam com a Ford quanto ao preço. Embora sabidamente um pouco mais caros, tentariam reverter esta faixa de preço que os separava do modelo T com um adicional de qualidade e design que poderia abocanhar uma faixa desse mercado. Ao mesmo tempo, fabricariam um modelo mais caro, mas com um preço inferior ao do seu concorrente, mas com uma qualidade um pouco inferior para aqueles que dessem valor à diferença de preço nessa faixa. Desse modo, Sloan dá foco à segmentação de mercado e define o conhecido *um carro para cada bolso*. A competição não é pelo custo, mas pela diferenciação. Esta estratégia de mercado que Sloan define está sustentada por uma robusta teoria de gestão. Ele admite o problema da descentralização e cria uma estratégia administrativa para neutralizá-lo. Desse modo, nasce a controladoria, as finanças e as análises de custo.

Deve ser salientado que o surgimento das linhas de produção não significou o desaparecimento dos sistemas artesanais e métodos flexíveis de manufatura. Eles continuaram existindo para o atendimento de nichos específicos de mercado. Empresas como a Lamborghini, a Ferrari e a Aston Martin continuam a produzir pequenos volumes de veículos muito caros para compradores que lidam diretamente com a fábrica (Dennis, 2008).

O sistema de produção em massa foi uma novidade e uma transformação da indústria do início do século XX, mas apresentou alguns limites que ficaram aparentes algumas décadas depois. As fábricas não poderiam crescer indefinidamente para ganhos de escala. Havia um limite para isso no momento em que o ganho marginal por unidade ficasse constante. Sob outro aspecto, a produção em massa resultava em perdas que, com o passar do tempo acabaram ficando explícitas, como o estoque de produto final e matéria-prima, que representavam capital imobilizado. Se, por um lado, a manutenção de estoques, principalmente de produtos acabados, evitava atrasos de entrega, por outro lado encobria ineficiências que acabavam fazendo parte da rotina na fábrica. Enquanto o produto fosse entregue sem atraso, pouca consideração seria dada para aquelas ineficiências mais difíceis de serem resolvidas.

O cenário mundial em termos de mercado ao longo do século XX transformou-se de tal forma que o sistema de linha de produção em massa deixou de ser adequado para algumas situações. Surgem outras opções de sistemas de produção e, dentre elas, a mais divulgada e estudada será o Sistema Toyota de Produção.

1.2.2 Sistema Toyota de Produção

Segundo Costa (2000), modos alternativos de organizar o processo de trabalho, em resposta a contextos históricos específicos, justificam inovações que surgiram na manufatura após a Segunda Guerra Mundial. A situação do Japão logo no pós-guerra não possibilitava que uma empresa fosse lucrativa utilizando o método de produção em massa como o feito no modelo fordista. O mercado não era grande o suficiente de modo a manter o sistema de Ford em que a produção em massa de uma linha de produção escoasse para um mercado com demanda suficiente. Os tempos haviam mudado e a lógica de mercado mostrava uma demanda menor do que a oferta, com grandes competidores disputando mercado. Para alguns tipos de produtos, a produção empurrada, caracterizada por grandes estoques e por redução do custo unitário baseado em ganhos de escala não correspondia mais ao mercado que então se apresentava. A Toyota decidiu que, numa situação dessa, era preferível produzir mais modelos em pequenas quantidades, de acordo com a demanda do mercado, ou seja, a produção, ao invés de empurrada, passa a ser puxada pelas vendas. O Sistema Toyota de Produção surge como uma alternativa ao fordismo, por ser capaz de produzir competitivamente uma série restrita de produtos diferenciados e variados (Antunes *et al.*, 2008; Ohno, 1997).

A família Toyoda (sim, com d) possuía uma fábrica de tecelagem, já no final do século XIX. Ineficiências de fabricação, principalmente produzir um produto que seria rejeitado depois, em virtude de algum defeito, não era concebível para Sakichi Toyoda (1867-1930), fundador da empresa têxtil da família. Dentre as várias inovações que ele implementou nos equipamentos de sua fábrica, vale ressaltar o princípio do *Jidoka* (conhecido como autonomação), no qual a máquina para de produzir no momento em que um erro no material processado é percebido. Em 1902 ele inventou uma máquina de tear que pararia automaticamente se qualquer fio se rompesse (Dennis, 2008). Esse princípio será um dos pilares do Sistema Toyota de Produção que surgirá posteriormente na indústria automobilística. O filho de Sakichi, Kiichiro Toyoda (1894-1952) foi o responsável por mudar o foco das empresas Toyoda para a fabricação de veículos na década de 1930. O primeiro automóvel produzido pela Toyota Motor Company foi o Toyota AA, de 1936, com poucos modelos. Em seu início, a Toyota firmou-se muito mais como uma fabricante de caminhões, e assim se manteve até o final da década de 1940.

Pouco comentado, mas de crucial importância para entender a gênese do Sistema Toyota de Produção, está a questão do trabalho. Nesse período, após a Segunda Guerra Mundial, houve uma grande modificação das leis trabalhistas no Japão. A Toyota passou por um sério aperto financeiro que a levou a demitir 25% de sua mão de obra, isso depois de uma grande batalha com o sindicato dos trabalhadores. Dada a situação dramática, Kiichiro Toyoda renuncia ao cargo de presidente, e os trabalhadores restantes recebem a garantia de um emprego vitalício. Dentro do acordo feito com eles, concordaram em ser flexíveis quanto às funções no trabalho e ativamente apoiar os interesses da empresa quanto a esforços de melhoria (Dennis, 2008). Dessa forma, a ligação vertical no chão de fábrica, de cima para baixo, característica da produção em massa, é substituída por um relacionamento onde se espera um maior envolvimento do trabalhador (Costa, 2000).

No início dos anos 1950, Eiji Toyoda, primo de Kiichiro, viajou ao Estados Unidos e visitou várias empresas, dentre elas, a Ford. Com suas observações e com o aprendizado vindo da indústria têxtil, a Toyota volta a produzir automóveis de passeio, lançando, em 1952, o Toyopet Crown (Figura 1.4), veículo com o qual entra no mercado norte-americano em 1958. Essa tentativa no mercado norte-americano não teve sucesso, pois além desse automóvel ser mais caro do que as opções no momento nesse mercado, ele era menos potente do que seus concorrentes.

Figura 1.4 – Toyopet Crown

Fonte: Wikipedia (2023).

Uma nova tentativa, dessa vez com sucesso, foi feita com a venda do Toyota Corona a partir de 1965. A partir de então, as vendas da Toyota em todo o mundo não pararam de crescer. Na década de 1970, as vendas foram alavancadas com a crise do petróleo de 1973, que tornou antieconômicos os carros pesados e potentes que predominavam entre os fabricantes americanos. Toyota aproveitou esse momento para incrementar suas vendas. O sucesso de vendas da Toyota nos anos 1970 e 1980 suscitou muita curiosidade sobre o que estava por trás desse sistema de produção. A partir de então, o Sistema Toyota de Produção passou a ser um *case* de estudo, com muitos trabalhos acadêmicos procurando entender e explicitar as causas dessa superioridade em relação ao que se fazia nos Estados Unidos.

Segundo Monden (2015), o objetivo principal do Sistema Toyota de Produção (STP) é a redução de custos e o aumento da produtividade, que são obtidos através da eliminação de diversos desperdícios, tal como excesso de estoques (tanto de produto final ou acabado quanto de matéria-prima e produto em processamento), e outras diversas perdas relacionadas à movimentação, tempo de espera, transporte, excesso de produção e rejeitos. Para que isso fosse possível a Toyota passou a adotar uma série de princípios e ferramentas que otimizaram a produção. Esses princípios e ferramentas compõem o que passou a ser chamado Sistema Toyota de Produção (STP).

Para explicar de uma forma mais simples o STP é necessário partir do princípio de que os estoques são baixos, tanto de matéria-prima quanto de produto final e produto em processo. Para que um sistema produtivo opere nessa condição, uma série de condições deve ser obedecida, do contrário a fábrica não conseguirá atender seus compromissos de entrega. A Figura 1.5 mostra a situação de uma empresa com um estoque significativo de produto acabado.

Nesse caso as entregas para o cliente não atrasam, pois esse estoque esconde as ineficiências de processo.

Figura 1.5 – Empresa com estoque alto de produto acabado

Fonte: Elaborado pelos autores (2024).

O STP passou a considerar os estoques como inimigos da eficiência, pois escondem esses problemas. Como usualmente as ações de melhoria costumam ocorrer somente quando os problemas são identificados e se materializam, a solução para aumentar a eficiência de processo foi de reduzir os estoques para que esses problemas ficassem aparentes, como na Figura 1.6.

Figura 1.6 – Empresa com estoque baixo de produto acabado

Fonte: Elaborado pelos autores (2024).

Com os problemas revelados, nada mais resta do que desenvolver método para evitá-los. Operar com estoques baixos significa que a produção é estimulada a partir das vendas, também conhecida como produção puxada. No sistema puxado, o processo final retira as quantidades necessárias do processo precedente em um determinado momento, o que é seguido por todos os processos precedentes. Por essa razão, o STP também é conhecido por *just-in-time* (JIT), o que significa que em um processo de fluxo, as partes que compõem um produto alcançam a linha de montagem no momento em que são necessárias e somente na quantidade necessária (Ohno, 1997).

Para que as operações sejam realizadas de modo preciso, sem atrasos (já que os estoques são baixos ou mesmo inexistentes), a sincronia entre as operações deve ser exata.

Para isso é necessária uma sinalização para cada etapa de produção, o que é feito pelos *kanbans*. O *kanban* é uma ferramenta para conseguir o *just-in-time*. O *kanban* serve como um pedido de retirada, um pedido de transporte ou entrega e como uma ordem de fabricação. Ele é sempre acionado quando a movimentação de uma mercadoria ou operação de um processo é necessária, pois o processo subsequente está precisando disso. Desse modo, ele evita a superprodução (Ohno, 1997).

A Figura 1.7 mostra os dois pilares em que se baseia o STP: o *just-in-time* (JIT) e a autonomação (*Jidoka*).

Figura 1.7 – Pilares do STP

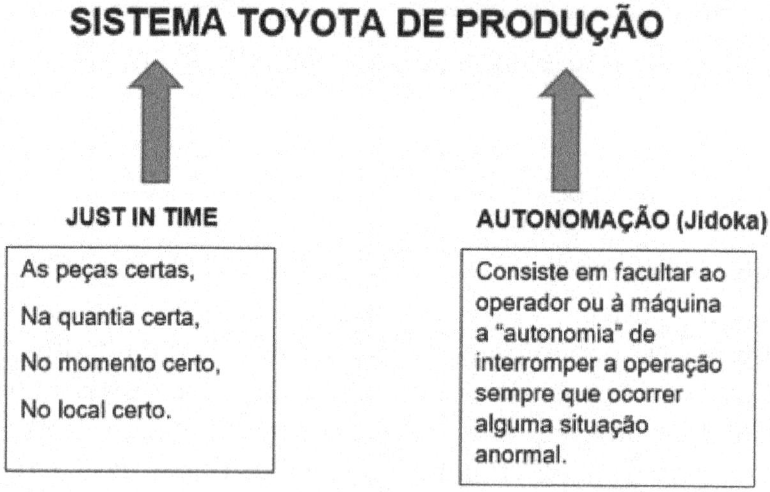

SISTEMA TOYOTA DE PRODUÇÃO

JUST IN TIME

As peças certas,

Na quantia certa,

No momento certo,

No local certo.

AUTONOMAÇÃO (Jidoka)

Consiste em facultar ao operador ou à máquina a "autonomia" de interromper a operação sempre que ocorrer alguma situação anormal.

Fonte: Elaborada pelos autores (2024).

São características do *Just-in-Time* – Sistema Toyota da Produção:
- – Produção em lotes pequenos;
- – Estoques reduzidos;

- *Lead-times* reduzidos;
- *Layout* celular;
- Planejamento e controle descentralizados e internos e sistema produtivo;
- Mão de obra polivalente;
- Busca a obtenção do defeito zero;
- Grande preocupação com a redução das perdas;
- Produção "puxada".

Cabem alguns comentários sobre algumas dessas características. Alguns já foram salientados, outros são descritos a seguir.

O leitor pode se perguntar até onde esse sistema de produção puxada se estende. Ou seja, se o mercado é que estimula a movimentação de todas as etapas de produção, então isso, teoricamente, se estende até a área de suprimentos, o que coloca os fornecedores na situação de participar no *just-in-time*. Isso é verdade, e talvez seja o grande desafio das empresas que adotam esse sistema produtivo. Por essa razão, empresas como a Toyota, e outras que utilizam seu sistema, devem ter uma relação de proximidade e confiança com seus fornecedores, pois assim como a empresa deve produzir em lotes pequenos, também deve receber seus insumos e peças em lotes pequenos e frequentes, do contrário estará acumulando estoque. Esse pode ser um grande desafio, e nos mostra que uma empresa dificilmente adota os princípios do Sistema Toyota de Produção sem que isso esteja difundido em toda sua cadeia produtiva.

A autonomação (automação com toque humano), como visto anteriormente, evita produzir um produto com defeito, pois isso significa um acúmulo de perdas (tempo, material, trabalho). Segundo Ohno (1997, p. 28) "na Toyota, uma máquina automatizada com toque humano é aquela que está acoplada a um dispositivo de parada automática".

GESTÃO ESTRATÉGICA DE OPERAÇÕES

Desde seus estágios iniciais, a autonomação, além de parar a produção para evitar um produto com defeito, era visto como uma oportunidade de entender o problema e resolvê--lo. Algumas vezes isso era viabilizado por uma ferramenta chamada *andon*, um sinalizador de que uma operação foi mal realizada e que era passível de melhoria.

A produção em pequenos lotes pode significar que a fábrica possua uma variada gama de produtos. Para evitar o excesso de estoque de determinados produtos, os lotes são variados e pequenos. Um obstáculo para isso é a possível troca de peças e a regulagem dos equipamentos para o novo produto. Essa espera é tempo perdido, pois nada está sendo produzido. Por essa razão, quanto menor for esse *set up* (troca de peças), mais rapidamente a linha volta a produzir. Esse troca rápida de ferramentas, em alguns lugares chamada de SMED (*single minute die exchange*), é alvo de estudos por equipes de melhoria contínua. Várias técnicas existem para isso, como, por exemplo, deixar pronto ou pré-montado o máximo de peças antes, para não perder tempo quando o equipamento parar a produção do produto anterior, e deixar todas as ferramentas à mão, para não perder tempo procurando-as. Muitas outras técnicas foram desenvolvidas pela Toyota, o que possibilitou a redução do tempo de linha parada de algumas horas para alguns minutos.

A disciplina é um componente importante para que o Sistema Toyota de Produção funcione. Por esta razão, um elemento fundamental para a operacionalização do sistema são os procedimentos operacionais (POs), ou instruções de trabalho (ITs), que fundamentam o **trabalho padronizado**. Esses são procedimentos que determinam como um trabalho deve ser executado, inclusive, com parâmetros de operação, pontos de checagem e ações corretivas, quando necessário. Os PO/IT partem do princípio de que não faz sentido ter operadores que exercem uma mesma função, talvez em turnos diferentes, operando de modo diverso e provavelmente com diferentes resultados. Há um melhor meio de fazer algo, e o PO/IT procura descobrir qual e padronizá-lo.

À primeira vista isso pode parecer um enrijecimento das ações dos operadores, diferente do que a Toyota prega em termos de melhoria contínua e aberta a novas ideias de quem participa da linha de produção. Mas mesmo os melhores processos descritos de como devem ser feitos no trabalho padronizado estão repletos de perdas (Dennis, 2008). O que deve ser percebido é que os procedimentos operacionais servem como base para futuras melhorias, como se fossem degraus de uma escada. Os operadores e outros funcionários não estão de modo algum proibidos de modificar o modo como uma máquina é operada, ou os parâmetros dessa máquina, mas isso deve ser feito de uma forma organizada. Depois de comprovado que esse novo meio de operação é mais eficaz do que o anterior, os outros operadores serão treinados e o PO/IT será alterada, com as devidas assinaturas. Esse novo PO/IT será a base para futuras melhorias.

Para Ohno (1997), a melhoria era sempre um processo inacabado. Por esta razão, a mentalidade dos trabalhadores da Toyota era de visualizar as operações como passíveis de melhoria contínua, o que ficará conhecido como *kaizen*. A participação dos trabalhadores para a melhoria dos processos foi um dos aspectos mais distintivos em relação ao que trabalhador executava nas linhas de produção de Ford. A participação deles em círculos de controle da qualidade e nos eventos *kaizen* os estimulava a colaborarem com ideias, o que os tornava mais donos dos processos nos quais trabalhavam e aumentando seu sentimento de realização profissional.

Um aspecto muito salientado no sistema de produção do Sistema Toyota de Produção é a preocupação com as

GESTÃO ESTRATÉGICA DE OPERAÇÕES

perdas, correspondente à palavra *muda*, em japonês. *Muda* é qualquer atividade que consuma recursos sem criar valor para o cliente. Para um melhor planejamento de como reduzi-las e eliminá-las, Shingo e Ohno as classificaram de acordo com a classificação abaixo:

As 7 perdas, segundo Shingeo Shingo e Taiichi Ohno, são:

- Perdas por superprodução;
- Perdas por transporte;
- Perdas por processamento;
- Perdas por elaboração de produtos defeituosos;
- Perdas por espera;
- Perdas nos estoques;
- Perdas por movimentação.

Essas perdas são brevemente explicadas a seguir:

1) Perdas por superprodução

Segundo Taiichi Ohno, as perdas por superprodução são os nossos piores inimigos, porque elas ajudam a esconder outras perdas. Caso um processo seja ineficiente, parando mais do que o planejado, ou com parte de sua produção sendo rejeitada por problemas de qualidade, isso não se refletiria na entrega de produtos aos clientes, já que o estoque garantiria a entrega no prazo acordado. Os custos adicionais para a produção, no entanto, estão presentes.

A produção além do necessário, ou além do que o mercado exige, gera produtos que ficarão esperando por sua demanda. Isso pode gerar tanto imobilização da capital nos estoques, quanto riscos de deterioração, além do trabalho extra necessário para produzi-los. Mesmo relatórios que ninguém lê, ou relatórios com detalhes desnecessários, são considerados exemplos de superprodução. A chave para eliminar superprodução é planejamento (The Council For Six Sigma Certification, 2018).

2) Perdas por transporte

As perdas por transporte referem-se à movimentação de materiais intermediários, insumos, produtos acabados e até mesmo documentos que passam de setor em setor. Movimentação de bens não adiciona valor aos produtos. Eliminar as perdas por transporte significa, tanto quanto possível, a eliminação da movimentação de materiais. Para Shingeo Shingo, o fenômeno de transporte não aumenta o trabalho adicionado, mas apenas eleva o custo de performance da fábrica.

3) Perdas por processamento

Perdas por processamento consistem naquelas atividades de processamento que são desnecessárias para que o produto/serviço adquira suas características básicas da qualidade, ou seja, de acordo com o que o cliente quer. Se você não sabe o que seus clientes desejam, pode acabar adicionando mais valor do que eles realmente estão dispostos a pagar.

4) Perdas por elaboração ou correção de produtos defeituosos

É a mais perceptível das perdas. Tem como resultado direto refugos e retrabalhos, significando perda de material, de energia, de trabalho e de tempo. Toda produção ou serviço que resulte em algum produto ou encaminhamento que não esteja de acordo com o planejado, acaba ou sendo um produto rejeitado ou retrabalhado, ou um serviço redirecionado, como um canal de atendimento que encaminhe solicitações para um setor não condizente com o objeto em questão. Em termos de produção, é usual a utilização de inspeções ao longo do processo. A questão é que inspeção não adiciona valor. Por isso, para eliminar esse tipo de perda, deve-se diferenciar inspeção para localizar defeitos e para prevenir defeitos, sendo a última preferível. Evitar defeitos ou erros na causa raiz está ligada diretamente à noção de autonomação, em que o equipamento não processa produtos fora da especificação, ou *poka-yoke*, método que ajudam os operadores a evitar erros em seu trabalho. A expressão japonesa *Jidoka* também é utilizada como o meio de fornecer às máquinas e aos operadores a habilidade de perceber quando uma condição anormal ocorreu e interromper imediatamente o trabalho

5) Perdas por espera

As perdas por espera ocorrem quando há um tempo de espera do material ou de pessoas entre duas operações. Está diretamente relacionada com o nivelamento e sincronização do fluxo de produção, ocorrendo quando o processo não está sendo bem coordenado, com diferentes velocidades de produção, excessivo tempo de troca de partes de um equipamento (*set up*) nas mudanças de produto e produção de lotes grandes em que a etapa subsequente deve esperar a antecedente finalizar o lote. Na produção industrial estas perdas podem ser minimizadas por sincronização da produção, troca rápida de ferramentas.

6) Perdas por estoques

Perdas por estoques ou inventário ocorrem quando itens são comprados ou produzidos antes de sua real necessidade, ou seja, antes de uma próxima etapa do processo (nesse caso, estoque intermediário), ou antes de serem vendidos, no caso de produtos acabados. Em ambos os casos, são exemplos de capital imobilizado, pois foram investimentos ainda não concretizados em receitas. Os estoques no Sistema Toyota de Produção são visualizados como um sintoma de uma doença na fábrica. O inventário evita, mas NUNCA resolve os problemas. Pelo contrário, pode encobrir falhas na operação que, de outro modo, ficariam expostas e passíveis de serem resolvidas de uma vez.

7) Perdas por movimentação

Segundo Taiichi Ohno, movimentar-se não significa trabalhar. A perda por movimentação ocorre devido à movimentação dos empregados em uma determinada operação, seja ela e uma indústria, seja em uma empresa de serviços. Muitas vezes, as atividades de determinada função exigem deslocamentos ou mesmo movimentos desnecessários de alguém. A movimentação para operar diferentes equipamentos, por exemplo, para levar amostras de um lado para outro, ou para buscar ferramentas, além de não agregar valor ao produto ou serviço, resulta em perda de tempo e possibilidades de acidentes. A ideia consiste em racionalizar o movimento dos trabalhadores, visando gerar padrões de operações efetivos. Algumas soluções para isso podem ser alteração de *layout* de máquinas, automação de alguns controles e organização no setor de trabalho.

O Sistema Toyota de Produção utiliza uma série de definições em japonês para ferramentas ou ações. A seguir há um pequeno vocabulário para as expressões mais conhecidas:

Andon: Ferramenta de gerenciamento visual que mostra o estado das operações em uma área em um único local e avisa quando ocorre algo anormal. Termo japonês para lâmpada.

Gemba: Termo para "local real", normalmente utilizado para chão de fábrica. Observação direta onde os problemas acontecem. A elaboração de POs/Its, por exemplo, deve ser feita através da observação de como um trabalho é executado por diferentes operadores para, então, definir um padrão. Isso só é possível com o Gemba.

Genchi Genbutsu: Significa "vá e veja". Compreender plenamente uma situação através da observação direta. Um gerente que tenha problemas em sua linha de produção deve observar o processo e conversar com os operadores para ter uma noção mais real do problema.

Heijunka: Nivelamento do tipo e da quantidade de produção durante um período fixo de tempo. Atende ao cliente e evita excesso de estoque.

Jidoka: Fornecer às máquinas e aos operadores a habilidade de perceber quando uma condição anormal ocorreu e interromper imediatamente o trabalho.

Jishunken: Aprendizado através da prática, tendo como foco as operações reais. Em algumas empresas, essa expressão é utilizada ao invés de *kaizen* quando um grupo se reúne para aprender sobre determinado problema e resolvê-lo.

Kaizen: Melhoria contínua, a fim de criar mais valor com menos desperdício. É um trabalho em equipe para a resolução de um problema específico.

Kanban: É um dispositivo sinalizador que autoriza e dá instruções para a produção ou retirada de itens de um sistema puxado. Significa "sinais", ou "quadro de sinais".

Muda: Qualquer atividade que consuma recursos sem criar valor para o cliente. Há atividades que, mesmo não gerando valor para o cliente, devem ser executadas, muitas vezes devido a uma legislação especifica. Outras atividades, no entanto, são passíveis de serem eliminadas.

Mura: Falta de regularidade em alguma operação, com uma programação de produção cheia em alguns dias e fraca em outros. Como uma empresa de transporte, que saísse com caminhões com carga máxima em alguns dias e pequena carga em outros.

Muri: Sobrecarga de equipamentos e operadores, exigindo uma operação desgastante.

Figura 1.8 – Muda, Mura e Muri

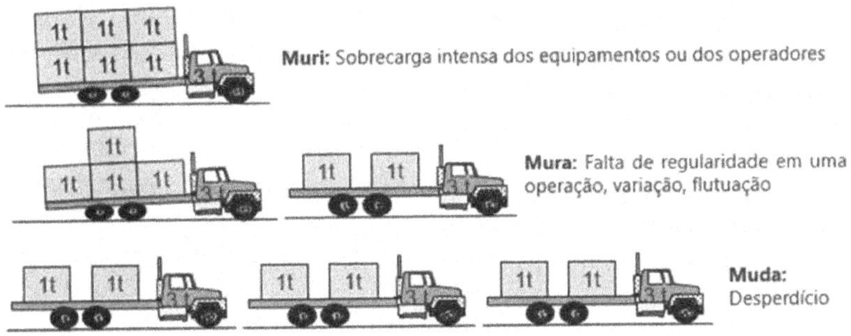

Muri: Sobrecarga intensa dos equipamentos ou dos operadores

Mura: Falta de regularidade em uma operação, variação, flutuação

Muda: Desperdício

Fonte: Coutinho (2020).

Poka-Yoke: Método que ajuda os operadores a evitarem erros, como montagem incorreta de uma peça, ou pular etapas do processo, entre outros. Ele deve ser projetado para as condições do local do trabalho.

Shojinka: Significa linha com força de trabalho flexível. Significa que uma linha de operação pode ajustar-se de acordo com a demanda, alterando o número de operadores ou ajustando os equipamentos.

Yamazumi: É um termo japonês para "pilha". Os gráficos yamazumi são utilizados para mostrar o tempo de ciclo de cada tarefa, sendo cada tarefa e seu respectivo tempo empilhados sobre a anterior, de modo a formar um gráfico de barras segmentado. É um bom indicador da variação entre estações de trabalho que fazem a mesma coisa.

1.2.3 Produção *Lean*

O Sistema Toyota de Produção mostrou que uma manufatura não deve se preocupar somente em produzir, mas produzir com menos perdas possíveis e com uma mentalidade constante de melhoria. Quando se pensa em melhoria, como foi visto ao longo da evolução dos processos produtivos, deve-se pensar nos diversos aspectos dessa melhoria. Pode ser um aumento de produtividade, um aumento da qualidade, da segurança dos que trabalham na linha, em redução de custos, em eliminação de perdas, em aumento de atividades que agregam valor em detrimento das que não agregam valor ao produto. Constatando a importância disso tudo nasce a consciência *lean (lean thinking)*, ou produção *lean (Lean Manufacturing)*, um sistema, ou modo de fazer as coisas, que teve suas raízes no Sistema Toyota de Produção e muitas vezes são utilizados como sinônimos. Expondo a ideia de um modo bem simplificado, um processo de produção ou serviço que siga o pensamento *lean* procura eliminar toda atividade humana ou de máquina que absorva recursos, mas não gere valor (como vimos, também chamado de **Muda**). Aqui já se pode ver que uma abordagem *lean* recupera muito do que foi visto no Sistema Toyota de Produção, pois toda perda de qualidade, rejeitos, movimentação de material, estoques, operações erradas, produtos fora da especificação etc., representam perdas por não gerarem valor. O ponto crítico de início para o pensamento *lean* é valor (Womack; Jones, 2003).

A produção *lean* ou Sistema Toyota de Produção obtiveram uma grande repercussão devido a alterações do cenário mundial ao longo do século XX. Na primeira metade do século a lógica do mercado, na lógica taylorista/fordista, o repasse das ineficiências e perdas ocorria no preço do bem repassado ao cliente (Antunes *et al.*, 2008):

Preço = Custo + Lucro
O setor de contabilidade determinava o custo baseado nos princípios de contabilidade de custo, adicionando uma margem de lucro. Com esta lógica, enquanto o cliente pa-

gasse o preço, as ineficiências não incomodariam o fabricante e não haveria esforços significativos para dirimi-las (Dennis, 2008). Mas com o aumento da concorrência e das opções disponíveis de produto ao cliente, o preço de mercado ficou determinado, e essa equação modificou-se para:

Lucro = Preço – Custo

Nessa nova lógica, os custos são elementos que devem ser reduzidos, ao invés de meramente calculados (Antunes *et al.*, 2008). Quando for necessário aumentar a margem de lucro, não são os preços que devem ser alterados para mais (sob o risco de perder mercado), mas efetuar uma análise e redução de custos. Todo sistema de operações, seja manufatura, seja de serviços, incorrem em custos (fixos, variáveis, diretos, indiretos), e nada é mais normal do que isso. Mas existem custos relacionados a atividades que geram valor e custos relacionados a atividades que não geram valor para o cliente. A lógica do *lean* se insere nesse ponto, em que atividades que não gerem valor para o cliente (o cliente não está disposto a pagar mais por isso) significam custos que devem ser eliminados.

Para uma melhor identificação dessas atividades, deve-se entender perfeitamente o processo. Para isso, aconselha-se a elaboração de um mapa do fluxo de valor, ou *value stream mapping*, um fluxograma do processo que identifique as diversas etapas ou ações requeridas para que um produto ou serviço esteja à disposição do cliente. O mapa do fluxo de valor, como mostrado na Figura 1.9, apresenta a sequência de operações de um produto extrusado, com capacidade de produção por etapa, parâmetros de processo, pontos de inspeção, operadores por turno e estoque de produto em processo.

Figura 1.9 – Mapa do Fluxo de Valor

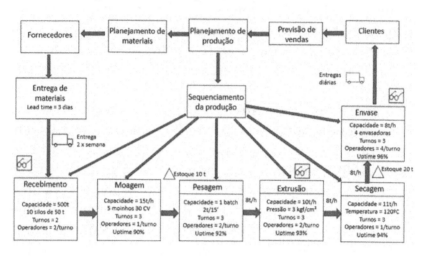

Fonte: Elaborado pelos autores (2024).

O detalhamento desse mapa de valor dependerá da empresa que o elaborar, assim como seu início e fim. Segundo Womack e Jones (2003), um mapa do fluxo de valor robusto deve conter as etapas de projeto do produto, o plano de produção e logística de entrega, e as etapas de transformação física do que está sendo fabricado ou as etapas de atendimento de um serviço. Claro está que, quanto mais complexo for esse mapa do fluxo de valor, mais informações necessitará e mais trabalho exigirá. No final, a análise desse mapa quase sempre vai mostrar que três tipos de ações estão ocorrendo ao longo do fluxo: as que sem dúvida nenhuma geram valor (uma etapa de fabricação imprescindível, como soldar o quadro de uma bicicleta), as que não geram valor, mas que acabam sendo feitas por necessidade (uma inspeção), e as que não geram nenhum valor e mesmo assim estão sendo feitas.

Quando essas atividades são colocadas uma em relação às outras, fica ressaltada a grande participação das atividades que não geram valor, como na Figura 1.10 elaborada por Coutinho (2020).

Figura 1.10 – Relação de atividade geradoras e não geradoras de valor

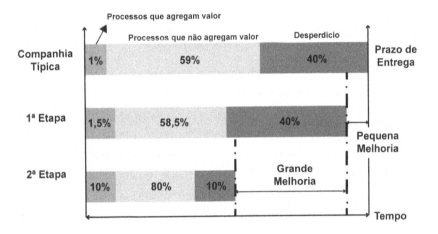

Fonte: Coutinho (2020).

O grande desafio de uma abordagem *lean* é a redução das operações que não agregam valor, o que aumenta percentualmente as operações que agregam valor. A estratégia para isso deve ser cuidadosamente elaborada, pois devido a sua complexidade, os maus resultados podem desestimular futuras ações. Uma abordagem que pode ser feita é através de eventos *kaizen* (seção 3.3), durante o qual uma área específica pode ser objeto de identificação das atividades que não geram valor. É importante fazer uma abordagem segmentada, ao invés de considerar todo o fluxo de valor ao mesmo tempo, tendo o cuidado, no entanto de entender que determinada atividade que aparentemente pode representar não gerar valor para uma etapa da cadeia, pode ser imprescindível para outra etapa. Por essa razão, o trabalho que visa identificar atividades que não geram valor deve ser levado a cabo por uma equipe multidisciplinar que tenha componentes do setor em questão, objeto da análise, e componentes de outras áreas, fornecendo uma visão mais ampla da relação dessa área com outras da empresa.

1.2.4 Sistema Hyundai de Produção

O Sistema Toyota de Produção teve uma grande repercussão mundial a partir de década de 1980. Embora próximo geograficamente do Japão, na Coreia do Sul, no entanto, esse sistema não teve a mesma repercussão do que em outros países. O sistema da Toyota foi adaptado na Coreia do Sul por questões sócio-contextuais, organizacionais e de características de seu mercado doméstico (Lee; Jo, 2007). O crescimento da Hyundai como fabricante de automóveis, passando da 15° posição mundial em 1998 para a 3° em 2012, desperta um interesse sobre seu sistema de produção e suas diferenças com o que foi visto até então (Nunes, 2015). O grupo Hyundai faz parte das chamadas *"Korean chaebols"*, que consistem em grandes grupos empresariais constituídos por empresas de grande porte que são detidos e geridos por uma família ou entes próximos a estas. As *chaebols* cresceram sob a influência do governo e tiveram empréstimos em condições favoráveis, fruto de uma orientação estratégica do governo para o crescimento de exportações de bens que incorporassem tecnologia.

A Hyundai foi fundada por Chung Ju Yung, em 1946, como uma loja de reparos automotivos. Em 1967, a Hyundai Motor Company foi fundada com a finalidade de montar um carro da Ford (Ford Cortina) para ser vendido no mercado europeu. A tecnologia para essa montagem não era própria da Hyundai, mas ela não demorou a desenvolver a sua própria e, entre 1976 e 1984, produziu seu próprio veículo, completo, o Pony. Ao final dos anos 1990, a Hyundai desenvolve o seu próprio sistema de produção, como ficaria conhecido, customizando o Sistema Toyota de Produção para suas condições particulares.

Uma das diferenças em relação ao Sistema Toyota de Produção foi a menor dependência de pessoas e sua flexibilidade funcional para maximizar sua eficiência, dando a Hyundai maior ênfase à flexibilidade das instalações automatizadas (Jo, 2010). Com uma intensa automatização e utilização de robótica, o sistema da Hyundai depende muito de sua alta equipe de engenharia, cabendo aos trabalhadores da linha executar operações simples, dispensando os processos de melhoria contínua no chão de fábrica (Herrmann *et al.*, 2012). Em parte, isso é devido a um aspecto mais cultural, em que há uma maior desconfiança entre trabalhadores e administração, o que restringe sua participação. Outra diferença significativa em relação à Toyota é que ao invés de um sistema puxado de produção, no qual o mercado inicia o processo, o Sistema Hyundai de Produção incorpora um sistema de planejamento de operações altamente estruturado e apoiado na tecnologia (APS, ERP, EBOM, SCM, OTD), assemelhando-se mais a uma abordagem empurrada da produção (Luz; Kaercher, 2019).

Talvez o aspecto mais estudado e característico em termos de produção do sistema Hyundai seja a modularização. A modularização é a partição de produtos ou processos em sistema menores, que funcionam de forma independente ou também em conjunto (Baldwin; Clark, 1997). A modularização pode ser definida como a oportunidade para combinar os componentes de um produto com *design* modular para permitir uma gama de variação de componentes a serem substituídos na arquitetura do produto (Mikkola; Gassmann, 2003). Ela pode ocorrer no projeto, na fabricação, na montagem ou no uso do produto pelo cliente (Duray *et al.*, 2000). A decisão de modularização deve iniciar no projeto do produto, definindo quais serão os seus módulos.

A Hyundai aumentou a importância do desenvolvimento do produto adotando como estratégia central a modularização no projeto do produto. Entre os benefícios da modularização estão a produção de uma grande variedade de produtos diferentes a partir da combinação dos diferentes módulos, o que torna o processo mais produtivo e com menor custo (Chung, 2000). Ela pode ser inserida em uma estratégia de customização em massa, aumentando a variedade de produtos e atendendo a diferentes critérios dos clientes. A modularização aliviou a linha de montagem de operações complexas e repassou o custo dos módulos para os fornecedores. Além de reduzir o custo de produção para a montadora, transfere a responsabilidade de parte do projeto e do processo para alguns fornecedores, abrangendo a cadeia de suprimentos da empresa (Jo, 2010).

REFERÊNCIAS

ANTUNES, J.; ALVAREZ, R.; BORTOLOTTO, P.; KLIPPEL, M.; PELLEGRIN, I. **Sistemas de produção**. Porto Alegre: Bookman, 2008.

BALDWIN, C.; CLARK, K. Managing in age of modularity. **Harvard Business Review**, 1997. 84-93 p. v. 75.

CORRÊA, H. L.; CORRÊA, C. A. **Administração de produção e Operações**. 3. ed. São Paulo: Atlas, 2012.

COSTA, A. da. Inovações e mudanças na organização industrial. **Ensaios FEE**. 2. ed. Porto Alegre, 2000. 7-31 p. v. 21.

COUTINHO, T. **Entenda o conceito de valor agregado dentro da filosofia Lean Manufacturing. Voitto** 2020. Disponível em http://www.voitto.com.br/blog/artigo/valor-agregado. Acesso em fev. 2023.

COX III, J. F.; SPENCER, M. S. **Manual da teoria das restrições**. Porto Alegre: Bookman, 2008.

DENNIS, P. **Produção lean simplificada: um guia para entender o sistema de produção mais poderoso do mundo**. 2. ed. Porto Alegre: Bookman, 2008.

DURAY, R.; WARD, P.; MILLIGAN, G. W.; BERRY, W. L. Approaches to mass customization: configuration and empirical validation. **Journal of Operations Management**. 6. ed. 2000. 605-626 p. v. 18.

FORD, Henry. **Hoje e Amanhã**. São Paulo: Companhia Editora Nacional, 1927.

FORD MEDIA CENTER. Disponível em: https://media.ford.com/content/fordmedia/fsa/br/pt/news/2018/10/02/ford-

-modelo-t--primeiro-carro-popular-da-historia--comemora-110-.html. Acesso em 10 nov.2023.

HERRMANN, F. F.; SILVA, R. I. da; LEAL, F. C. R.; MARETH, T. **Análise do sistema Hyundai e do modelo Toyota de produção**. XXXII Encontro Nacional de Engenharia de Produção. Bento Gonçalves. Outubro, 2012. 15-18 p.

JO, H. **The Hyundai way: The Evolution of production model.** 2. ed. Global Asia, 2010. 102-1-7 p. v. 5.

KRAJEWSKI, L.; RITZMAN, L.; MALHORTA, M. **Administração da produção e operações.** 8. ed. São Paulo: Pearson, 2009.

LEE, B-H.; JO, H.-J. *The mutation of the Toyota Production Sistem: adapting the TPS at Hyundai Motor Company.* **International Journal of Production Research**. 16. ed. 2007. 3665-3679 p. v. 45

LUZ, D. F. da; KAERCHER, A. R. **Gestão de operações industriais do fordismo à indústria 4.0.** Canoas ULBRA, 2019.

MIKKOLA, J.; GASSMANN, O. Managing modularity of product architectures: toward an integrated theory. **IEEE Transactions on Engineering Management**. 2. ed. 2003. 204-218 p. v. 50.

MONDEN, Y. **Sistema Toyota de Produção: uma abordagem integrada ao just-in-time.** 4. ed. Porto Alegre: Bookman, 2015.

NUNES, F de L. **Sistema Hyundai de Produção: suas dimensões técnicas e tecnológicas.** Anais do XV CONEMI – Congresso Nacional de Engenharia Mecânica e Industrial, 2015.

OHNO, T. **O Sistema Toyota de Produção: Além da produção em larga escala.** Porto Alegre: Bookman, 1997.

ROTHER, M.; SHOOK, J. **Aprendendo a Enxergar.** São Paulo: Lean Institute Brasil, 1999.

SLACK, N.; CHAMBERS, S.; JOHNSTON, R.; BETTS, A. **Gerenciamento de operações e processos: Princípios e práticas de impacto estratégico**. 2. ed. Porto Alegre: Bookman, 2013.

SLACK, N.; CHAMBERS, S.; JOHNSTON, R. **Administração da produção**. 3. ed. São Paulo: Atlas, 2009.

SLOAN Jr., A. **Meus Anos com a General Motors**. 4 ed. São Paulo: Negócio Editora, 2001.

SMITH, A. **A riqueza das nações: uma investigação sobre a natureza e as causas da riqueza das nações**. São Paulo: Madras, 2009.

THE COUNCIL FOR SIX SIGMA CERTIFICATION. **Six Sigma: a complete step-by-step guide**. Buffalo, 2018.

WOMACK, J. P.; JONES, D. T. **Lean thinking: banish waste and create wealth in your Corporation**. New York: Free Press, 2003.

2 – ESTRATÉGIA DE PRODUÇÃO

2.1 Estratégia Empresarial x Estratégia de Produção

Pode parecer antagônico falar de estratégia em gerenciamento de processos e operações, uma vez que são, em grande parte, operacionais. Mas o fato é que há uma dimensão estratégica na referida área e que ela acaba sendo crucial para competitividade e sucesso da empresa como um todo.

O estudo da estratégia de produção, conceitualmente, se impulsiona a partir do trabalho pioneiro de Skinner quando identifica a produção como uma importante fonte de vantagem competitiva. A partir de então, outros autores da área como Swamidass e Newell (1987), Hayes e Wheelwright (1984), Slack (1993), dentre outros se concentram em aprofundar o conceito e fazer conexões das prioridades perseguidas na produção e a criação de vantagem competitiva para a empresa.

Mas antes de dar seguimento às diretrizes da estratégia operacional, é necessário compreender algumas definições de estratégia para conceituados pesquisadores da área.

Para Hofer e Schandel (1978), estratégia é o estabelecimento dos meios fundamentais para atingir os objetivos, sujeito a um conjunto de restrições do meio envolvente. Supõe a descrição dos padrões mais importantes da captação de recursos e a descrição das interações mais importantes com o meio envolvente.

Segundo Porter (1991), estratégia competitiva são ações ofensivas ou defensivas para criar uma posição defensável numa indústria, para enfrentar com sucesso as forças competitivas e assim obter um retorno maior sobre o investimento.

Para Jauch e Glueck (1980), estratégia é um plano unificado, englobante e integrado relacionando as vantagens estratégicas com os desafios do meio envolvente. É elaborado para assegurar que os objetivos básicos da empresa sejam atingidos.

Para Mintzberg (2004), estratégia é o padrão ou plano que integra as principais metas, políticas e sequências da ação de uma organização em um todo coeso [...] baseada em suas competências e deficiências internas, relativas às mudanças antecipadas no ambiente e movimentos contingentes por parte dos oponentes inteligentes.

Definir estratégias envolve um conjunto de decisões e de ações relativas à escolha dos meios e à articulação dos recursos como forma de a organização atender a seus objetivos. Decisões estratégicas direcionam o comportamento atual da empresa para que ela atinja uma posição desejada no futuro. Talvez a decisão estratégica mais importante para qualquer organização esteja ligada à escolha de quais produtos/serviços serão ofertados e em quais mercados eles estarão competindo (Batalha; Rachid, 2008).

Diante do contexto, pode-se definir "estratégia" como uma atividade orientada pelo longo prazo, em que, tendo em vista a missão e os objetivos da empresa, são definidas ações que garantam a sua permanência no mercado através de um conjunto de produtos e serviços competitivos.

Estratégias formais e consistentes são compostas de três elementos:
- Os objetivos a serem alcançados (o que se quer fazer);
- As políticas que orientam os caminhos a serem seguidos ou evitados;
- Os planos e programas de ação, ou seja, a operacionalização das estratégias.

Qualquer empresa tem um planejamento estratégico, sendo este mais ou menos elaborado, mesmo que idealizado e implementado de maneira informal por seu fundador. O planejamento estratégico pode ser definido como um processo gerencial que possibilita ao executivo estabelecer o rumo a ser seguido pela empresa, com vistas a obter um nível de otimização na relação da empresa com o seu ambiente (Oliveira, 1989). Essa otimização será baseada na análise dos pontos fortes e fracos da empresa, das ameaças e oportunidades encontradas no ambiente externo, bem como dos fatores-chave de sucesso referentes ao negócio da empresa (Batalha; Rachid, 2008).

A forma como uma organização está estruturada não depende unicamente do porte da organização. Ele depende, também e principalmente, da estratégia e do ambiente competitivo com o qual essa organização se defronta. Setores mais dinâmicos, com maior concorrência, demandam estruturas organizacionais mais flexíveis, ao passo que setores ditos maduros podem optar por estruturas menos flexíveis. Ou seja, deve haver um alinhamento entre estratégia e estrutura organizacional (Batalha; Rachid, 2008).

Esse campo de estudo organizacional passou a ter importância a partir de pesquisas conduzidas nos Estados Unidos oriundas do questionamento sobre a perda de competitividade de empresas norte-americanas. Wickham

Skinner, a partir de um artigo seminal de 1969, identificou alguns motivos principais que deveriam ser considerados no que ficou mais tarde conhecido como estratégia de operações. Quatro constatações principais podem ser retiradas desse artigo (Corrêa; Corrêa, 2012):

- As operações, tanto em manufatura quanto em serviços, envolvem, numa grande quantidade de situações, a maioria do investimento em capital das organizações;
- A maioria das decisões em operações inclui, normalmente, recursos físicos que têm, por natureza, inércia decisória, ou seja, há uma demora entre a decisão tomada e o seu efeito. Isso implica que, para se poder tomar uma boa decisão em operações, é necessário desenvolver uma visão de futuro que se pode estender pelo período de alguns anos;
- Skinner argumenta que as decisões de operações, uma vez tomando efeito, são normalmente difíceis e caras de ser revertidas;
- As opções estratégicas adotadas quando se decide por determinada alternativa impactam diretamente as formas com que a empresa vai ser capaz de competir nos mercados no futuro. Skinner argumenta que a melhor forma de projetar e gerenciar operações produtivas dependerá da forma com que se decide competir no mercado no futuro.

Skinner observa que uma função dentro da organização que tenha as quatro características listadas, necessariamente, demanda gestão estratégica e não pode, portanto, restringir-se às visões de curto prazo, introspectivas e reativas vigentes na época em que escreveu seu artigo. Origina-se, a partir daí, o conceito de estratégia de operações.

O recado é claro: Quando as empresas deixam de reconhecer a relação entre as decisões relativas à manufatura e a estratégia corporativa, é possível que elas venham a se afogar em meio a sistemas de produção sem praticamente nenhuma competitividade, cuja transformação seria cara e demorada (Skinner, 1969).

Basicamente, a Estratégia de Produção consiste no conjunto de planos e programas elaborados e implementados para que a Produção contribua para o aumento da competitividade da empresa. A Estratégia de Produção engloba os objetivos relacionados às dimensões competitivas e aos programas e mudanças necessários para atingi-los.

Neste sentido, entende-se que o objetivo da estratégia de operações é garantir que os novos processos de produção e entrega de valor ao cliente sejam alinhados com a intenção estratégica da empresa quanto aos resultados financeiros esperados e aos mercados a que pretende servir e adaptados ao ambiente em que se insere. Para isso, é necessário incluir, no tratamento de processos decisórios em operações, elementos externos à organização, como o cliente, a concorrência, os parceiros fornecedores, o acionista e outros grupos de interesse. Não há, como pensava Taylor, "uma melhor forma de fazer o trabalho", a "melhor forma" dependerá de grande quantidade de características do ambiente (Corrêa; Corrêa, 2012).

2.2 Objetivos de Desempenho da Produção

Estratégia de produção pode ser analisada de diversas formas, segundo Skinner, a respeito da importância da produção para a estratégia da empresa.

A área de operações deve ser vista pela alta administração como uma peça importante da engrenagem estratégica da organização e, assim como outras áreas, deve estar alinhada com as decisões estratégicas tanto no curto quanto no longo prazo.

Em "A fábrica focalizada", de Skinner (1974), é aprofundada a discussão sobre os *trade-offs* (decisões que implicam abrir mão de algo para seguir um caminho) e suas implicações estratégicas. Escolhas estratégicas implicam renúncias estratégicas. Skinner percebeu que há uma falta de consciência entre os altos executivos de que o sistema de produção acarreta, inevitavelmente, *trade-offs* e compromissos. Por essa razão, o sistema de manufatura deve ser projetado para desempenhar bem uma tarefa delimitada, sendo esta tarefa definida pelos objetivos estratégicos empresariais.

Hayes e Wheelwright (1984) desenvolveram o modelo dos quatro estágios de avanço na posição estratégica que o setor de manufatura pode ter numa empresa:

1. Neutralidade interna: neste estágio, a função produção está segurando a empresa quanto a sua eficácia competitiva. Ela mantém-se voltada para dentro e, no máximo, reage às mudanças dos ambientes interno e externo, contribuindo pouco para o sucesso competitivo. O restante da organização não vê a produção como fonte de qualquer originalidade, talento ou impulso competitivo;

2. Neutralidade externa: neste estágio, estão as empresas cujo setor de manufatura procura não ser pior do que as práticas usuais do mercado. A função produção começa a comparar-se com empresas ou organizações similares fora do mercado. Ao menos, isso pode levá-la a comparar seu desempenho ao da concorrente e a tentar adotar melhores práticas;

3. Apoio interno: este estágio é atingido obtendo uma visão clara da concorrência ou dos objetivos estratégicos da empresa e desenvolvendo os recursos de produção apropriados. É onde se encontram as

empresas cujo setor de manufatura apoia adequadamente os outros setores;

4. Apoio externo: a diferença entre os estágios 3 e 4 é sutil. Nesse estágio, a empresa vê a função produção como provedora da base para seu sucesso competitivo. Neste estágio, o mais avançado, estão as empresas cujo setor de manufatura desenvolve proativamente habilidades que mudam as regras da competição e a empresa pode, de fato, ter uma competitividade baseada em manufatura.

Alguns pesquisadores pensam que o modelo de Hayes e Wheelwright devia parar no estágio 3. Segundo essa postura mais tradicional, as necessidades do mercado vão sempre ser preeminentes em moldar a estratégia de uma empresa. Portanto, as operações deveriam devotar seu tempo ao entendimento das exigências do mercado (como definido pela função marketing dentro da organização) e concentrar-se em sua tarefa central de assegurar que os processos operacionais possam atender às demandas do mercado (Slack *et al.*, 2009).

Após a compreensão do seu papel, da sua real contribuição para o negócio, é preciso alinhar quais os objetivos específicos de desempenho as operações devem percorrer.

Nesse sentido, as tarefas da manufatura, ou as prioridades estratégicas, como preferem alguns autores, foram primeiramente identificadas por Skinner como sendo: produtividade, serviço, qualidade e retorno sobre o investimento. De acordo com Garvin a maioria das publicações está focada em quatro principais prioridades competitivas: custo, qualidade, entrega e flexibilidade. A essas quatro prioridades competitivas, o autor agrega mais uma que denomina de serviços. Complementarmente Slack *et al.* (2009) identificam cinco objetivos de desempenho operacional que fazem parte de todos os tipos de operação que são: qualidade, velocidade (rapidez), confiabilidade, flexibilidade e custo ilustrados na Figura 2.1.

Figura 2.1 – Os cinco objetivos de desempenho da Produção

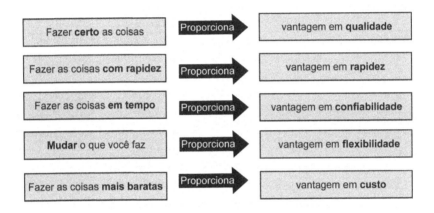

Fonte: Adaptado de Slack, Chambers e Johnston (2009).

No Quadro 2.1, é possível identificar algumas medidas ou exemplos de controles que podem ser exercidos em cada um dos objetivos de desempenho.

Quadro 2.1 – Algumas medidas praticadas em cada objetivo de desempenho

OBJETIVO DE DESEMPENHO	ALGUMAS MEDIDAS UTILIZADAS
Qualidade	- Número de defeitos por unidade - Nível de reclamação do cliente - Nível de refugo - Alegações de garantia - Tempo médio entre falhas - *Escore* de satisfação do cliente
Rapidez	- Tempo de cotação do cliente - *Lead time* do pedido - Frequência de entregas - Tempo de atravessamento real *versus* teórico - Tempo de ciclo
Confiabilidade	- Porcentagem de pedidos entregues com atraso - Atraso médio de pedidos - Proporção de produtos em estoque - Desvio médio e promessa de chegada - Aderência a programação
Flexibilidade	- Tempo necessário para desenvolver novos produtos/serviços - Faixa de produtos ou serviços - Tempo de mudança de máquina - Tamanho médio de lote - Tempo para aumentar a taxa de atividade - Capacidade média/máxima - Tempo para mudar programações
Custos	- Tempo mínimo/médio de entrega - Variação de orçamento - Utilização de recursos - Produtividade da mão de obra - Valor agregado - Eficiência - Custo por hora de operação

Fonte: Elaborado pelos Autores (2024).

A produção procura satisfazer os clientes, desenvolvendo seus cinco objetivos de desempenho. Por exemplo, se os consumidores valorizarem especialmente produtos ou serviços de baixo preço, a produção dará ênfase a seu desempenho em custos. Se insistirem em produtos ou serviços isentos de erros, a produção concentrar-se-á em seu desempenho em qualidade. Ênfase dos consumidores em entrega rápida tornará o critério velocidade importante para a produção, enquanto ênfase em confiabilidade de entrega tomará o critério confiabilidade importante. Se os consumidores esperarem produtos e serviços muito inovadores, a produção deverá proporcionar alto grau de flexibilidade para conseguir inovar para seus consumidores antes de seus rivais. Analogamente, se ampla gama de produtos e serviços for exigida, a produção precisará ser suficientemente flexível para prover a necessária variedade sem custo excessivo.

Esses fatores que definem as exigências dos clientes são chamados fatores competitivos. A figura 2.2 apresenta a relação entre alguns fatores competitivos mais comuns e os objetivos de desempenho da produção. Essa lista de fatores competitivos não pretende ser exaustiva. Muitos outros fatores podem ser relevantes. O ponto importante é que a prioridade de cada objetivo de desempenho é influenciada por fatores competitivos particularmente valorizados por consumidores. Algumas empresas concentram esforço considerável em trazer a imagem das necessidades de seus consumidores para dentro da operação.

Figura 2.2 – Fatores competitivos x objetivos de desempenho

Fatores competitivos		Objetivos de desempenho
Preço baixo	⟹	Custo
Sabor agradável	⟹	Qualidade do sabor
Entrega confiável	⟹	Confiabilidade
Entrega rápida	⟹	Rapidez
Alterar a quantidade de alimentos	⟹	Flexibilidade (volume/quantidade)
Boa higiene	⟹	Qualidade da higiene

Fonte: Adaptado de Slack, Chambers e Johnston (2009).

2.3 Projeto de Produtos e Processos

2.3.1 Noções de projetos

Para bem caracterizar o que se entende por projetos, inicialmente deve ser feita uma distinção entre projetos e operações. As operações são esforços contínuos que geram saídas repetitivas, com recursos designados para realizar basicamente o mesmo conjunto de tarefas. O gerenciamento de operações é responsável pela supervisão, orientação e controle das operações de negócios. Diferentemente da natureza contínua das operações, os projetos são esforços temporários. Segundo Corrêa e Corrêa (2012, p. 273),

> Um projeto pode ser definido como um conjunto único e finito de atividades inter-relacionadas, pensadas para produzir um resultado definido (especificação de qualidade) dentro de um prazo (especificação de tempo) determinado, utilizando uma alocação específica de recursos (especificação de custo).

Essa definição está alinhada às principais características de um projeto, segundo Gray e Larson (2009):

1. Um objetivo estabelecido.
2. Um período de validade definido, com início e fim.
3. Geralmente, o envolvimento de diversos departamentos e profissionais.
4. Comumente, a elaboração de algo nunca antes realizado.
5. Tempo, custos e requerimentos de desempenho específicos.

De forma simplificada, a Figura 2.3 – esquematiza um projeto.

Figura 2.3 – Visão básica de um projeto

Fonte: Elaborada pelos autores (2024).

Os projetos existem dos mais diferentes tipos, desde a construção de um prédio e lançamento de um novo produto, até o planejamento de uma festa de formatura. Abstraindo, obviamente, a dimensão de cada um desses projetos, eles basicamente seguem as mesmas etapas, e todos necessitam de alguma forma de gerenciamento para garantir que atinjam seus objetivos. Gerenciar consiste em executar atividades e tarefas que têm como propósito planejar e controlar atividades de outras pessoas para atingir objetivos que não podem ser alcançados caso as pessoas atuem por conta própria, sem o esforço sincronizado dos subordinados. Gerenciamento de projetos é a aplicação do conhecimento, habilidades, ferramentas e técnicas às atividades do projeto para atender aos seus requisitos nestas cinco etapas, conforme a Figura 2.4.

Figura 2.4 – Etapas do gerenciamento de projeto

Iniciação	Planejamento	Execução	Encerramento
Qual o problema necessita ser resolvido? O que é necessário (recursos)? Quais são minhas opções?	Como definimos o escopo do projeto? Qual planejamento é necessário fazer? Que recursos preciso? Quanto irá custar? Que indicadores serão usados?	Que riscos preciso levar em consideração? Como eu envolvo os interessados (*stakeholders*)? Como eu me comunico e lidero a equipe? O projeto está sendo executado do modo certo?	Os objetivos originais do projeto foram entregues? O que é necessário ser verificado e medido? Como eu vou receber e dar *feedback*? O que deu certo e o que não deu?
Monitoramento e Controle			

Fonte: Elaborada pelos autores (2024).

Embora exista uma sequência lógica entre essas etapas, há sobreposições entre elas, conforme a Figura 2.5. O planejamento, por exemplo, não cessa para que a execução inicie. Há um acompanhamento durante a execução, pois há situações que exigem um novo planejamento, como atraso de materiais, mas sua participação vai decrescendo à medida que o projeto se dirige para seu encerramento. O controle e o monitoramento ocorrem ao longo de todo o projeto para possibilitar medidas de contenção.

Figura 2.5 – Ciclo de vida de um projeto

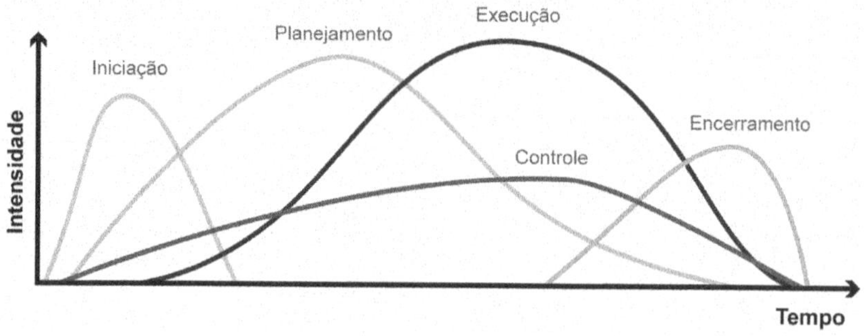

Fonte: Rocha (2013).

Um dos fatores que mais tem trazido insucesso aos projetos é não estar claramente definido o objetivo, ou seja, o produto final que se quer obter. As características do produto ou serviço final que será oferecido (escopo do projeto) devem estar claras, pois isso influi nos recursos que serão necessários e os prazos. Por isso, a etapa de planejamento deve ser levada a cabo com cuidado e detalhamento. Há numerosas escolhas que a equipe de projeto terá de fazer ao longo deste. Quanto mais dessas escolhas puderem ser antecipadas para a etapa de planejamento, e decididas ali, menor será a incerteza tanto em termos de tempo quanto em termos de custo.

Uma vez definido o escopo do projeto, deve-se partir para a definição da equipe e seus papeis e responsabilidades. Dependendo do escopo, pode ser necessária a contratação de terceiros ou mesmo pessoal efetivo, caso a empresa não disponha desses técnicos. No planejamento deve ser definido de que forma a efetividade do trabalho realizado será mensurada. Para isso, devem ser selecionados indicadores criteriosos que monitoram o progresso do projeto e sinalizem caso ocorra desvio de algum aspecto crucial que interfira na entrega do projeto. Normalmente, são indicadores relacionados a custo, tempo e qualidade, podendo outros serem agregados dependendo do tipo do projeto.

Dois aspectos mais cruciais em projetos de desenvolvimento de produtos, linhas de fabricação, instalação de equipamentos ou construções são os relativos a custo e tempo. Para que possam ser tomadas medidas a tempo, o ideal é que se segmente o projeto, com cada segmento tendo uma data limite de execução e um custo determinado. Com isso fica mais fácil o acompanhamento e, se tanto o custo quanto o cronograma estiverem fora do planejado, é possível tomar medidas cabíveis.

Um cronograma deve ser feito de tal forma que mostre a sequência de operações, a dependência ou não entre as atividades e o tempo total de execução do projeto. Uma técnica utilizada para isso é o PERT (*Program Evaluation and Review Technique*), que consiste em montar um diagrama de rede com todas as atividades do projeto, mostrando quais são as respectivas dependências de execução (uma atividade que só pode ser iniciada se sua antecessora tiver sido finalizada). Para a avaliação do tempo esperado de execução do projeto, utiliza-se o método do caminho crítico (CPM – *Critical Path Method*), que estabelece a duração do projeto como aquele caminho que, indo do início para o final, apresenta a maior duração (soma dos tempos de cada etapa em cada um dos possíveis caminhos). A Figura 2.6 mostra simplificadamente uma rede de atividades de um projeto, com a indicação de seu caminho crítico.

Figura 2.6 – Diagrama de rede de um projeto

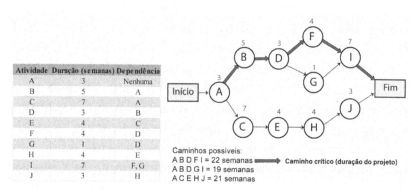

Fonte: Elaborada pelos autores (2024).

Embora tanto o PERT quanto o CPM sejam métodos para elaboração de diagramas de redes, eles apresentam uma diferença quanto à consideração do tempo de projeto. O método CPM é determinístico, ou seja, cada etapa do projeto tem um tempo definido (como no exemplo da figura anterior). Já o PERT é probabilístico, ou seja, os gestores devem estimar um tempo mais provável, um tempo otimista e um tempo pessimista. Com esses três tempos é calculado o tempo esperado para cada atividade. A técnica PERT, embora mais trabalhosa, apresenta outra vantagem: a de encontrar as folgas para cada uma das atividades. Folga entende-se como o tempo que uma atividade pode atrasar sem atrasar o projeto todo. As atividades que fazem parte do caminho crítico (A, B, D, F, I no exemplo anterior) têm folga zero, ou seja, se atrasarem, atrasam o projeto. As atividades que não fazem parte do caminho crítico (C, E, G, H, J) possuem folga, algumas mais do que as outras, significando que, se houver um atraso que esteja dentro do limite de tempo da folga, o projeto não atrasará.

2.3.2 Projeto de Produtos e Serviços

Segundo Slack *et al.* (2013, p. 208), "o projeto de produtos e serviços é o processo que define a especificação dos produtos e/ou dos serviços para que eles atendam uma necessidade específica do mercado". Em um ambiente competitivo, raros são os produtos ou serviços que não sofrem alterações ao longo de sua vida, ou que são totalmente substituídos por outros produtos e serviços. A empresa que não reavalia periodicamente o que oferece ao cliente, está fadada a ver sua fatia de mercado ser reduzida em proveito de empresas inovadoras, que compreendem alterações nos gostos dos clientes e cenário econômico. Segundo Wheelwright e Clark (1993), as principais forças que levam ao desenvolvimento de novos projetos de produtos são:

- Competição internacional e nacional mais intensa;
- Mercados mais fragmentados e exigentes;
- Novas tecnologias;
- Projetos que resultem em redução de custo e melhor desempenho.

Logo, para que a empresa sobreviva a essa concorrência constante, há uma continua estratégia de avaliação de novos produtos e serviços e uma contínua renovação dos mesmos. Todos os produtos e serviços apresentam um ciclo de vida composto por sua introdução no mercado, seu crescimento (em virtude de ser uma novidade, ou suprir uma carência dos consumidores), uma fase de maturidade e um declínio, conforme a Figura 2.7.

Figura 2.7 – Ciclo de vida de um produto

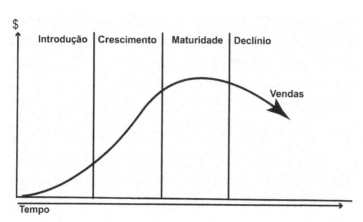

Fonte: Vindi (2023).

- **Etapa introdutória**: caracteriza-se pelas elevadas despesas de promoção e pelo grande esforço por tornar a marca reconhecida pelo mercado. Nesta etapa, os custos costumam ser mais altos em razão da baixa produtividade e custos tecnológicos de produção e as margens são apertadas em função do valor que o mercado se dispõe a pagar.
- **Etapa de Crescimento**: ocorre a partir do momento em que a demanda pelo produto aumenta. A relação entre promoção e vendas melhora em função do aumento nas vendas.
- **Etapa de Maturação**: neste estágio, a taxa de crescimento das vendas diminui e tende a se estabilizar, pois o consumidor já se acostumou ao produto e começa a pressionar por redução de preços. É um momento em que as vendas brutas se mantêm no nível do crescimento do mercado.

- **Etapa de Declínio**: esta etapa marca o processo de desaparecimento do produto no mercado em função do declínio insustentável nas vendas. A velocidade com que isso ocorre depende de características do produto. Produtos que incorporam muita tecnologia tendem a decair mais rapidamente e normalmente são retirados do mercado pelo fabricante.

O conhecimento referente ao ciclo de vida do produto e respectivas estratégias utilizadas é fundamental para mapeamento de suas vendas e para medir o seu sucesso no mercado e se temos que fazer alguma ação para revitalizá-lo, ou em última situação, até descontinuá-lo. Embora todos os produtos e serviços apresentem essa curva, a mesma se diferencia para os tipos ou estratégias de lançamento diferentes. Considerando primeiro a estratégia de lançamento, quanto mais agressiva ela for, ou quanto maior for a carência do consumidor por esse produto, mais inclinada estará a curva nas etapas de introdução e crescimento. Isso é bastante positivo, já que significa um rápido crescimento de vendas e uma rápida recuperação do que foi investido para desenvolver esse novo produto. As estratégias de marketing já podem anunciar o produto antes mesmo dele estar disponível no mercado, o que cria uma expectativa no mercado.

Uma segunda diferença é quanto à fase de maturidade. No passado, os produtos tendiam a ter uma maior permanência no mercado, com marcas tradicionais que, pelo nome a mantinham com bom volume de vendas. Isso ainda ocorre com produtos tradicionais, principalmente do gênero alimentício, cuja fase de maturidade se prolonga ao longo do tempo, como um platô, ao invés de um pico, trazendo um retorno financeiro constante. A tradição nesse caso, é o que mantém esses produtos no mercado. Com a profusão de bens que carregam tecnologia lançados nas últimas décadas, o ciclo de vida é bastante diferente. Normalmente, estes são os produtos que largam com um grande volume de vendas, chegam ao topo, na fase de maturidade, mas não ficam muito tempo por ali. Logo eles iniciam seu declínio e são retirados do mercado. A razão disso é o aparecimento de produtos concorrentes, com uma tecnologia diferenciada que acaba competindo vantajosamente com o produto anteriormente lançado. Empresas que competem nesse tipo de mercado possuem um setor de Pesquisa e Desenvolvimento (P&D) muito atuante, com uma série de projetos previstos para lançamento como resposta aos concorrentes.

Segundo Slack, Chambers e Johnston (2009), todos os produtos e serviços apresentam três aspectos:

Um conceito, que é o entendimento do para que serve o produto ou serviço, sua natureza. O conceito de um produto pode ser sua diferença em relação a produtos similares no mercado. Por exemplo, um automóvel básico que tenha ao mesmo tempo linhas esportivas.

Um pacote de produtos e serviços, que são os componentes que proporcionam os benefícios definidos no conceito. É algo que vem junto do que é adquirido, mas não necessariamente algo físico. Por exemplo, na compra do automóvel citado anteriormente, o serviço de garantia por um ano faz parte desse pacote, ou mesmo a rapidez da entrega do veículo. Em muitas situações, se o conceito do produto ou serviço é o mesmo entre concorrentes, a diferença para a captação de um cliente pode estar no pacote que acompanha esse produto ou serviço. Uma revenda que pague o IPVA e emplacamento do veículo pode ser um diferencial no pacote do produto automóvel.

O processo, que define como os produtos e serviços serão criados e entregues. O projeto de processo é o planejamento de como o produto será fabricado ou o serviço proporcionado (seção 2.3.3). No caso da fabricação de um automóvel, são todas as etapas que fazem parte de sua montagem, o *layout* mais adequado, a definição de estoques, nível de automatização etc.

Os produtos novos podem ser divididos em diferentes categorias, de acordo com o Quadro 2.2:

Quadro 2.2 – Motivação para novos produtos

MOTIVAÇÃO	EXEMPLOS
Criam necessidades ainda inexistentes	A televisão que despertou ou criou uma nova necessidade nos consumidores.
Criados para necessidades já existentes	O café solúvel e o sabão em pó. Neste caso, apresentou-se um produto para satisfazer, de forma mais satisfatória, uma necessidade que já existia anteriormente.
Aperfeiçoam o produto já existente	Os eletrodomésticos em geral. É o caso mais frequente, e pode ocorrer por meio da modificação da matéria-prima ou de suas propriedades (resistência, velocidade etc.).
Oferecem uma nova variedade de um produto já existente	As novas variedades de sopas prontas e de xampus, lançadas a cada ano.
Obtido a partir da modificação do modo de utilização de um produto antigo	Os refrigerantes à base de cola, criados, inicialmente, para serem utilizados como xarope para tosse.
Obtidos por meio de uma melhor utilização de um produto antigo	Os produtos que são mais bem aproveitados ou utilizados pelos consumidores, como produtos em conserva e em pó.

Fonte: Carpes Jr. (2014).

Até obter o projeto final de um novo produto ou serviço, há várias etapas que devem ser seguidas. Por isso, como Slack, Chambers e Johnston (2009) dizem, a atividade de projeto é em si um processo que tem seu início com o consumidor e nele termina. Há diferentes caracterizações desse processo segundo diferentes autores, alguns com um maior detalhamento das etapas do que outros, mas basicamente, todos seguem o básico definido por Slack, Chambers e Johnston (2009), que vai até a prototipagem daquilo que iniciou com a geração do conceito, de acordo com a Figura 2.8.

Figura 2.8 – Estágios do projeto de produto/serviço

Fonte: Slack, Chambers e Johnston (2009).

2.3.2.1 Geração do Conceito (projeto conceitual) e Triagem

Um dos grandes desafios da indústria está em entender o consumidor moderno, com seus diversos estilos, características pessoais, características do mercado que pretendemos atingir com o novo produto etc. Em cada situação específica, temos linhas básicas de projeto de produto que precisam ser trabalhadas para agradar o consumidor alvo. Para isso, inicia-se com o projeto conceitual. Segundo Baxter (2000, p. 174), o objetivo do projeto conceitual é

> Produzir princípios de projeto para o novo produto. Ele deve ser suficiente para satisfazer as exigências do consumidor e diferenciar o novo produto de outros produtos existentes no mercado. Especificamente, o projeto conceitual deve mostrar como o novo produto será feito para atingir os benefícios básicos. Portanto, para o projeto conceitual, é necessário que o benefício básico esteja bem definido e se tenha uma boa compreensão das necessidades do consumidor e dos produtos concorrentes. Com base nessas informações, o projeto conceitual fixa uma série de princípios sobre o funcionamento do produto e os princípios de estilo.

A geração do conceito pode vir de ideias dos consumidores (pesquisa de mercado, grupos de foco, canais de atendimento), atividades dos concorrentes, ideias dos funcionários, e ideias de pesquisa e desenvolvimento. Desde essa etapa inicial, deve estar claro o mercado-alvo a que o conceito se dirige. Por exemplo, será um automóvel de cidade, um *off-road*, ou um público que quer a combinação dos dois. Os conceitos precisam ser desenvolvidos a ponto de permitirem a avaliação das tecnologias empregadas, a avaliação da arquitetura básica e em certo grau, a fabricação do produto. Independente da forma que o conceito é representado, o ponto chave é possuir detalhes o suficiente para que a ideia de funcionalidade possa ser assegurada (Bolgenhagen, 2003).

A triagem do conceito ocorre através de uma avaliação dos conceitos obtidos. Para isso, eles são avaliados segundo alguns critérios, tais como: viabilidade (econômica, técnica); aceitabilidade (os consumidores aceitarão o produto? A empresa vê esse produto como promissor financeiramente?); vulnerabilidade (riscos do novo produto, cópia pela concorrência, suscetível a cenários econômicos instáveis).

A etapa da triagem reduz as opções, havendo uma redução progressiva de todos os conceitos iniciais até alguns poucos ou somente um (Slack, Chambers, Johnston, 2009). Em algumas empresas é utilizada a expressão *stage-gates*, para caracterizar as diferentes fases de aprovação ou reprovação de um conceito ou projeto. É comum utilizar-se o esquema de um funil para representar as diversas etapas pelas quais passam as ideias iniciais de um novo produto, conforme a Figura 2.9.

Figura 2.9 – Processo sucessivo de desenvolvimento de novos produtos

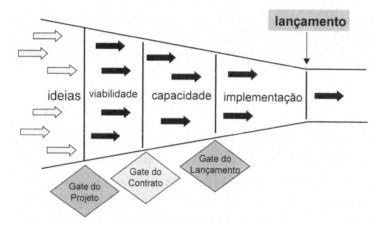

Fonte: Elaborada pelos autores (2024).

Um aspecto a ser considerado na triagem é a situação atual dos processos existentes na empresa. Um produto ou serviço será elaborado mais facilmente quanto mais se utilizar a estrutura já existente, tanto de máquinas quanto de pessoas. Montar uma linha totalmente nova pode inviabilizar o novo produto em virtude dos investimentos necessários. Já um produto ou serviço que utilize a estrutura existente necessitará menos investimentos e gerará menos riscos, ao menos quanto ao retorno sobre o investimento.

À medida que esse processo progride, as incertezas sobre o que será o produto ou serviço final vão se reduzindo. Por outro lado, os custos de retroceder de um conceito para outro vão aumentando. Da mesma forma que um projeto da construção civil, o projeto inicial, no papel, pode sofrer alterações, e esse é o momento de todos os interessados poderem colaborar com críticas. Uma vez que a execução tenha sido iniciada, no entanto, quanto mais adiantado ele estiver, maiores serão os custos para voltar atrás.

Asimow (1962) detalhou um pouco mais esse processo, na Figura 2.10, incluindo o planejamento de manufatura e de descarte. É cada vez mais importante considerar as consequências ambientais dos componentes de um produto, não só na sua obtenção na natureza, como também seu descarte depois que o produto tiver atingido sua vida útil. É cada vez visto com mais aprovação o fato das empresas se responsabilizarem com o recolhimento de seu produto após sua plena utilização. Muitos componentes podem até mesmo serem reutilizados, ou ao menos destinados para uma reciclagem muito mais ambientalmente amigável do que o descarte indiscriminado.

Figura 2.10 – As fases para um projeto completo

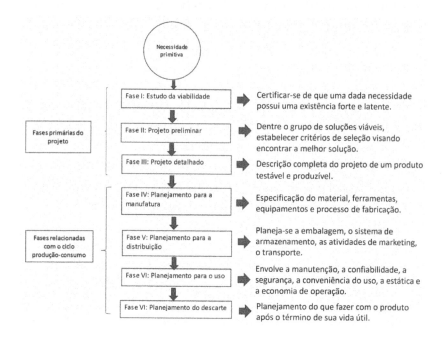

Fonte: Asimow (1962).

2.3.2.2 Projeto Preliminar

Uma vez selecionado o conceito através da triagem, deve ser elaborado o projeto preliminar. Esse projeto deve conter uma primeira versão do produto ou serviço que se quer oferecer, incluindo o pacote que o acompanha e o processo de como ele será elaborado. É necessária uma maior especificação daquilo que foi identificado como o conceito. Segundo Carpes (2014, p. 56)

> Especificar ou determinar as especificações do produto significa transformar os requisitos — desejos, expectativas, necessidades em relação ao produto — em uma linguagem menos moldada em interpretações subjetivas, reduzindo com isso a probabilidade de erros de projeto.

Ele inicia com uma concepção avaliada técnica e economicamente. O objetivo básico é satisfazer uma determinada função com componente, configuração física e materiais apropriados, considerando os critérios de segurança, ergonomia, produção, montagem, operação e custos (Pahl; Beitz, 1996). Para Slack, Chambers e Johnston (2009) é nesse momento em que é definido o que compõe o pacote do produto ou serviço, ou seja, tudo o que o produto ou serviço traz ao cliente (por exemplo, brinquedo vem ou não vem com pilhas, serviço de garantia, almoço inclui ou não bebida no preço).

Algumas ferramentas podem ser utilizadas para melhorar o projeto preliminar. Uma delas é o Desdobramento da função qualidade (*Quality Function Deployment* – QFD), também chamado de casa da qualidade devido ao seu formato gráfico. Essa ferramenta foi desenvolvida no final dos anos 1960, nos estaleiros da Mitsubishi, em Kobe, no Japão, pelo professor Akao, sendo posteriormente adotada pela Toyota. O QFD baseia sua concepção no fato de que a subjetividade no projeto de um produto gera incertezas. Dentro da concepção do QFD, determinar as especificações de um produto significa transformar os requisitos — desejos, expectativas e necessidades em relação ao produto — em uma linguagem menos moldada em interpretações subjetivas, reduzindo com isso a possibilidade de erros de projetos.

Sendo assim, o QFD é um sistema para transformar os requisitos dos clientes em requisitos apropriados à companhia a cada estágio, desde a pesquisa e desenvolvimento até a engenharia, manufatura e para marketing/vendas e distribuição. Segundo Akao (1996), o QFD é a conversão das demandas dos clientes em características da qualidade, e o desenvolvimento de um projeto da qualidade para o produto acabado pela sistematização do desdobramento das relações entre as demandas e as características, partindo pela qualidade de cada componente funcional e estendendo o desdobramento para a qualidade de cada parte e processo.

O QFD é uma ferramenta que também incorpora um processo, pois segue uma sequência de etapas definidas que iniciam com a percepção do cliente de quais são os aspectos que representam qualidade em um produto, e terminam com as especificações técnicas do produto e do processo de fabricação em si, conforme a Figura 2.11.

Figura 2.11 – Etapas do QFD

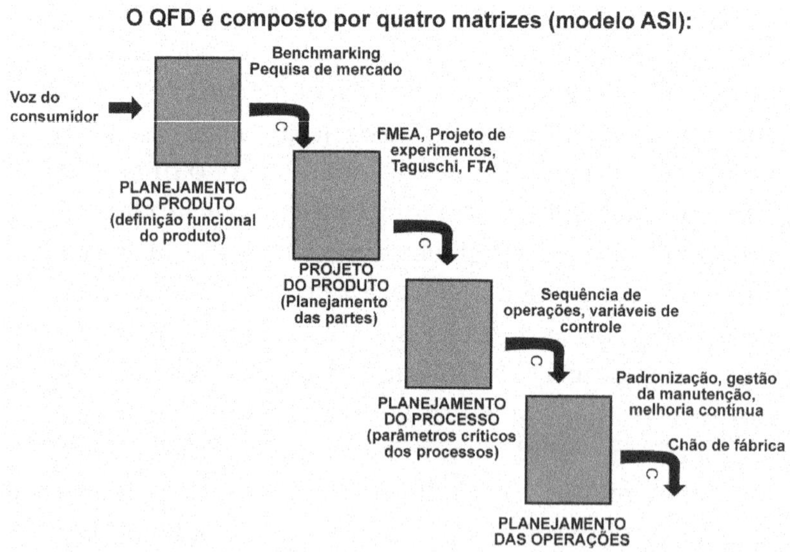

Fonte: Elaborada pelos autores (baseado na ASI) (2024).

Esse desdobramento mostrado na Figura 2.11 é demonstrado na matriz principal da ferramenta, composta por 9 campos distintos:

1. Requisitos ou voz do consumidor;
2. Importância para o consumidor (1 = pouco e 10 = muito importante);
3. Avaliação dos concorrentes quanto a esses requisitos (1 = mínimo e 5 = máximo);
4. Taxa de melhoramento necessária e peso percentual de cada requisito (diz o quanto o produto da empresa tem que melhorar naqueles requisitos mais importantes);
5. Especificações técnicas do produto. Ou características do projeto de engenharia. Busca-se transformar os requisitos em características mensuráveis;
6. As especificações técnicas do campo 5 são comparadas em termos de unidades de medida com as dos concorrentes e mostra o alvo para que o produto seja competitivo;
7. Matriz central ou de relacionamento entre os requisitos e as especificações. Esse relacionamento é analisado em termos de intensidade (9, 3, 1 e 0);
8. Importância ou prioridade das especificações, mostrando qual a mais importante, indicando aos projetistas a quais deve ser dada mais atenção;
9. Relacionamento entre as várias especificações, desde fortemente positivas, quando as especificações contribuem muito entre si, e fortemente negativas, quando as especificações forem conflitantes entre si.

Esses 9 campos estão demonstrados na Figura 2.12.

Figura 2.12 – Matriz do QFD

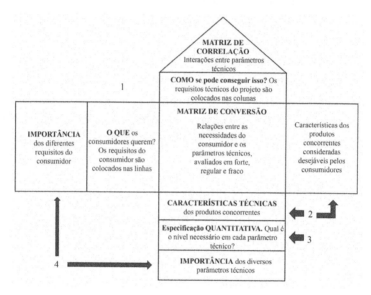

Fonte: Baxter (2000).

O desdobramento da função qualidade, quando aplicado ao planejamento do produto, conforme Baxter (2000), trabalha quatro estágios indicados na Figura 2.12:

1º- As necessidades do consumidor e os requisitos técnicos do produto

Desenvolve-se uma matriz para converter as características desejadas pelos consumidores em atributos técnicos do produto: O primeiro passo a ser executado é desenvolver uma pesquisa com os consumidores para identificar as necessidades do consumidor em relação ao produto em estudo. Esta etapa também é conhecida como "ouvir a voz do cliente". A coleta das informações pode vir de pesquisas feitas diretamente com o consumidor, com intermediários (varejo etc.), ou ainda ser obtido através do SAC (Serviço de Atendimento ao Consumidor) da empresa.

Na sequência são listadas as necessidades do consumidor e escritas nas linhas localizadas à esquerda da matriz. Após isso, identificam-se os requisitos técnicos, que são colocados nas colunas da matriz. Ao se montar esta matriz de análise, faz-se a correlação, identificando na matriz o cruzamento entre as necessidades do consumidor e os requisitos técnicos identificados pelos projetistas. Geralmente se utiliza um padrão de análise para mostrar o quão forte é essa relação. Este padrão de simbologia pode ser alterado, pois não tem nenhum padrão universal definido.

2º- Analisar os produtos da concorrência

Esta etapa deve ser trabalhada sob dois enfoques distintos e agrupados à matriz QFD. A primeira análise é relativa aos clientes que comparam os produtos concorrentes. A segunda, é realizada pela equipe técnica, analisando também os mesmos produtos, mas em especificações dimensionais, comparando os produtos sob esse aspecto e sinalizando quais são melhores em quais especificações.

3º- Definição dos valores (metas) para as variáveis em relação aos requisitos técnicos

Esta etapa do processo é muito simples, e geralmente desenvolvida pelos próprios projetistas, em que são especificados os valores das metas quantitativas de cada uma das variáveis técnicas estipuladas anteriormente.

GESTÃO ESTRATÉGICA DE OPERAÇÕES

4º- Definição das prioridades em relação às variáveis estudadas

Conforme Baxter (2000), após a fixação das metas a serem alcançadas, devem-se estabelecer as prioridades para que os esforços de projeto sejam direcionados para os pontos importantes. Também pode acontecer que certas metas sejam sacrificadas, se surgirem conflitos entre elas. Deste processo saem os principais focos de priorização e detalhes de definição das prioridades a serem trabalhadas no projeto.

A matriz de correlação, no teto da casa da Figura 2.12, indica o quanto os requisitos técnicos identificados na etapa 1 podem ou não ser conflituosos ou, ao contrário, contribuírem entre si. Por exemplo, considerando um sapato, alguma característica que resulte mais maciez ou conforto, um dos aspectos identificados pelas pesquisas com os clientes, pode resultar em algum requisito técnico que resulte em menor durabilidade, como um solado menos denso e flexível. Nesse caso, esses dois requisitos técnicos estão em conflito e isso deve ser representado por uma simbologia adequada nessa área.

Outra técnica utilizada para a melhoria de um projeto preliminar de produto é a engenharia de valor. Seu objetivo é realizar uma avaliação crítica no projeto de forma a identificar qualquer custo desnecessário no projeto. Por custo desnecessário entende-se aquilo que não agrega valor para o cliente. Para isso, o projeto é minuciosamente examinado quanto à função de cada componente, eliminando-o se não for necessário ou substituindo-o por um de valor mais baixo (Slack, Chambers, Johnston, 2009).

Outro método que pode ser utilizado na melhoria do projeto é o método Taguchi, desenvolvido por Genichi Taguchi. O objetivo principal dos métodos de Taguchi é o de testar a robustez de um projeto, através da melhoria das características de um processo ou de um produto através

80

da identificação e ajuste dos seus fatores controláveis, pois estes irão minimizar a variação do produto final em relação ao seu objetivo. Ao ajustar os fatores no seu nível ótimo, os produtos podem ser fabricados de maneira a que se tornem mais robustos a toda e qualquer mudança que possa ocorrer e que seja incontrolável (condições ambientais, variação dimensional, tempos de acondicionamento etc.). A metodologia proposta por Genechi Taguchi apresenta três objetivos principais:

1. Projetar produtos ou processos que sejam robustos em relação às condições ambientais;
2. Projetar e desenvolver produtos que sejam robustos à variabilidade de seus componentes;
3. Minimizar a variabilidade em torno de um valor nominal.

Um exemplo prático é algum tipo de prestação de serviço capaz de lidar com alteração para mais do número de clientes (caso do item 2), ou algum equipamento eletrônico resistente a acidentes como derramamento de água sobre ele (caso do item 1).

2.3.3 Projeto de Processos

Todo produto ou serviço antes de ser produzido ou oferecido deve ser concebido de algum modo, ou seja, como ele será feito. Isso é chamado de projeto de processo, cujas tarefas típicas são: a escolha, configuração, implantação e manutenção das tecnologias de processo; projeto do trabalho das pessoas envolvidas na operação; planejamento e controle das atividades; garantia de níveis adequados de qualidade das saídas; garantia de uso adequado dos recursos (Corrêa; Corrêa, 2012). Segundo Slack, Chambers e

Johnston (2009, p. 89), "o objetivo principal do projeto de processos é assegurar que o desempenho do processo seja adequado ao que quer que se esteja tentando alcançar".

O projeto de um produto ou serviço pode referir-se a algo totalmente novo ou a alguma modificação de um produto ou serviço já existente. Caso o projeto seja algo totalmente novo, que exija uma nova linha de produção ou a contratação de todo um time de pessoas para a prestação de um serviço, os dois projetos, de produto e de serviço partirão do zero. Caso o projeto do produto seja desenvolvido em uma estrutura de processo existente, é desejável que exista uma comunicação entre o que se tem e o que será necessário ter para o novo produto ou serviço. Nesse segundo caso, quando o projeto do produto estiver em andamento, é recomendável que alguém do processo atual esteja presente, pois o intuito é aproveitar o que se tem de capacitação, tanto de equipamentos quanto de pessoas. Em qualquer dos dois casos citados, haverá decisões que se influenciarão reciprocamente nos projetos de produto e de processo, conforme a Figura 2.13.

Figura 2.13 – Inter-relação entre projeto de produto e projeto de processo

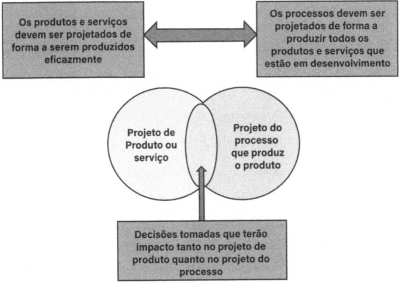

Fonte: Elaborada pelos autores (2024).

O processo de um produto ou serviço, ou seja, modo como um produto será produzido ou um serviço será disponibilizado depende das características desse produto ou serviço. Slack, Chambers e Johnston (2009) apontam que duas dimensões são fundamentais para definir as caraterísticas desse processo: volume e variedade. O volume se refere à quantidade de determinado produto produzido ou pessoas atendidas, e a variedade são os diferentes produtos ou serviços oferecidos. Normalmente essas duas dimensões estão relacionadas: empresas que produzem alto volume de determinado produto ficam mais restritos quanto às variedades produzidas, enquanto empresas que customizam seus produtos têm uma alta variedade de saídas, mas com poco volume. Dependendo dessas características, um processo é mais adequado do que outro. Como produtos e serviços diferenciam-se bastante nesse ponto, serão considerados separadamente.

A Figura 2.14 mostra a relação de variedade e volume com os tipos de processos mais usuais para produtos manufaturados.

Figura 2.14 – Processos e dimensões de volume e variedade

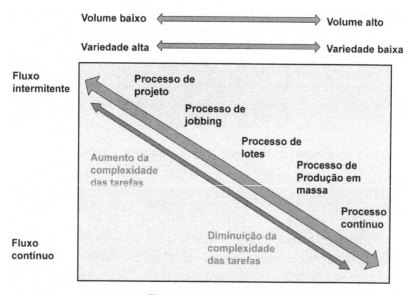

Fonte: Baseada em Slack, Chambers e Johnston (2009).

2.3.3.1 Processos de Projeto

Esse tipo de processo opera com produtos altamente customizados e que levam um período longo para serem produzidos. Logo, o que o caracteriza são baixos volumes e alta variedade. Não sendo a regra geral, mas servindo bem para caracterizar esse tipo de processo, pode-se dizer que os produtos são o centro de atividades que vêm até ele, ao invés dele se deslocar pela área produtiva. Um exemplo claro disso é a produção de navios, os quais ficam em doca seca, fixos, até o momento de lançá-los à água. Obviamente o navio não teria condições de deslocar-se pelas docas. Ao invés disso, são os trabalhadores que, com suas ferramentas se dirigem a ele. Outro exemplo é a fabricação de silos e secadores de cereais. Estes equipamentos, devido às suas dimensões, não são nem mesmo deslocados até o cliente, mas sim montados no local que este designou em sua propriedade (Figura 2.15).

Figura 2.15 – Montagem de silo

Fonte: autores (2024).

A customização é a regra nesse tipo de processo. Normalmente os clientes desenvolvem um projeto em conjunto com o fabricante, salientando alguns aspectos específicos. Por exemplo, na encomenda de um tanque para determinado ingrediente líquido, como um tanque de processo industrial, o cliente pode especificar que tipo de leitor de nível deseja, dimensões dos bocais de entrada e saída, tipo de acabamento (sanitário ou não), entre outras características. Depois de o projeto estar pronto, o cliente revisa o desenho fazendo as correções que achar necessário. Por esta razão, este tipo de projeto de processo é aquele que mais interação apresenta entre fabricante e cliente.

2.3.3.2 Processos de *Jobbing*

Entre as diferenças em relação ao processo anterior, esse tipo de processo opera com volumes maiores de um mesmo produto, mas mantém uma alta variedade. Os produtos apresentam uma dimensão menor do que os oriundos do processo de projeto, e tendem a utilizar os mesmos equipamentos, estes normalmente em posições fixas. Nesse processo, os diferentes produtos compartilham recursos produtivos, o que significa que apresentam uma base comum, com alteração em detalhes que os diferenciam. O melhor exemplo para esse tipo de processo são impressões de livros ou convites. Nesse exemplo, uma gráfica utiliza os mesmos equipamentos, mas com diferenças programadas para distinguir livros de autores diferentes ou convites para eventos diferentes. Pensando em termos de convites de formatura, por exemplo, uma gráfica é capaz de produzir convites com dimensões e artes distintas de acordo com o que a comissão de formatura pedir, desde que fique dentro das possibilidades gráficas dos equipamentos. Esse lote de convites será único, pois dificilmente outra turma de formandos vai utilizar os mesmos convites com a mesma arte (nem obviamente os mesmos nomes dos formandos).

2.3.3.3 Processos em Lotes ou Bateladas

Esse tipo de processo apresenta um grau de variedade de produto menor do que os anteriores. O tamanho do lote, no entanto, varia. Um lote pode ser formado por algumas dezenas de unidades, ou várias toneladas, mas dificilmente um lote será composto por apenas uma unidade. Embora usados indistintamente para descrever esse tipo de processo, os significados de lote ou batelada são diferentes. O termo batelada é utilizado em referência a uma quantidade determinada de produto produzida a partir de um equipamento, sendo muito utilizado para a indústria alimentícia, mas não necessariamente exclusivo dela. Na indústria alimentícia, muitas vezes são utilizados misturadores para agregar todos os ingredientes antes de passar para as etapas seguintes (extrusão, moldagem, secagem etc.). A empresa pode decidir que um lote será do tamanho da capacidade do misturador (grandes misturadores podem ter uma capacidade de até 10 toneladas), chamada de batelada. Cada vez que o misturador esvazia seu conteúdo uma nova batelada começa a ser produzida. Além da batelada, uma produção baseada em lotes pode ser oriunda de um turno, ou seja, um lote correspondente à produção de um turno, mudando o turno, muda o código do lote. O lote também pode ser derivado de determinados lotes de matéria-prima ou peças, para facilitar sua rastreabilidade. Cada vez que muda o lote do fornecedor, muda o código do lote. Por fim, o lote também pode ser dimensionado de acordo com o pedido de determinado cliente.

De qualquer forma, seja qual for a razão para a existência do lote, ele se caracteriza por apresentar produtos semelhantes em um mesmo lote. Quando um novo lote é produzido, isso pode ocorrer por duas razões: a explicada anteriormente (mesmo produto, mas com alguma diferença em sua produção como turno ou batelada) ou por ser produzido outro produto que, logicamente, deve ser classificado como um novo lote.

2.3.3.4 Processos de Produção em Massa

Esse processo se caracteriza por produzir um alto volume de produtos e pouca variedade. A linha de produção pode variar seu produto dentro de certos limites, mas nada muito diferente daquilo para o qual foi projetada. O equipamento usado em cada etapa da produção pode ser o mesmo para diferentes produtos, bastando alguns ajustes. Um exemplo mencionado por Slack, Chambers e Johnston (2009) é o de uma linha de fabricação de automóveis. A diferença entre os possíveis modelos de automóveis não afeta o processo básico de produção. Outro exemplo é o de uma fábrica de alimentos extrusados. Embora a empresa possa ter certa variedade de produtos, o processo pelos quais eles passam é o mesmo, ou no máximo com a diferença de uma ou duas etapas. O que é mudado nos equipamentos são certas partes (como os moldes da extrusora, ou o tipo de ingrediente) que acabam diferenciando o produto, mas todos passarão por alguns processos obrigatórios e mesmos equipamentos, como secadores, transportadores e máquinas de embalar.

É oportuno salientar que os produtos produzidos em um processo de produção em massa podem ser diferenciados em lotes. Tomando como exemplo o misturador que gera a batelada em um exemplo anteriormente dado, essa linha de produção se caracteriza como uma produção em massa. O próprio misturador pode ser usado para a mistura de ingredientes de diferentes produtos de cada vez. Não havendo a necessidade em virtude de volume de produção, seria um investimento desnecessário ter um misturador para cada tipo de produto se um equipamento versátil puder dar conta de todos os usos.

Como esse processo ainda apresente certa variedade de produtos, mas tendo uma base comum de produção (equipamentos), a troca de produtos em uma mesma linha de produção pode ocorrer. Essa parada para troca de produtos representa um tempo sem produção, tecnicamente chamado de troca de ferramentas ou *set up*. Em empresas sem um planejamento adequado, esse tempo parado pode comprometer a capacidade de produção da linha. Os japoneses foram muito efetivos em reduzir esse tempo, pois uma das diretrizes do Sistema Toyota de Produção foi conciliar lotes pequenos com variedade de produtos. Isso só foi possível com um persistente trabalho de redução das horas paradas por *set up*.

2.3.3.5 Processos Contínuos

Os processos contínuos são os que apresentam a menor variedade de produtos e um volume maior do que o processo de produção em massa. Normalmente são processos característicos de grandes empresas com grandes mercados, já que as instalações industriais devem justificar o investimento pesado em equipamentos e controles avançados de processo. Devido à continuidade e velocidade de produção, um erro ou problema de qualidade se alastraria de modo grave. A característica predominante dos processos contínuos é o fluxo sem interrupções do início ao fim do processo (Slack; Chambers, Johnston, 2009). Por suas próprias características, nesse tipo de processo a intervenção humana é mais de controle. A instalação industrial pode ficar ininterruptamente produzindo determinado produto por vários dias, sem que os operadores não tenham outra atividade a não ser os controles de parâmetros de processo. Outra característica é a não visibilidade do produto, já que normalmente a fábrica utiliza-se de tubulações ou cabos para o deslocamento do mesmo. Exemplos típicos desse tipo de processo são as refinarias, as hidrelétricas, centrais térmicas e estações de tratamento de água. Esses exemplos anteriores não se caracterizam por lotes de produto. Fábricas de refrigerantes e cerveja em grande escala, no entanto, aproximam-se muito de um processo contínuo, mas com a presença de lotes (até mesmo para facilitar o rastreamento, já que são produtos alimentícios).

Assim como produtos manufaturados exigem um tipo de processo específico para que sejam economicamente e tecnicamente viáveis, os serviços prestados também se diferenciam quanto a isso. Como foi feito com os produtos manufaturados, antes de o processo ser concebido, deve ser feito o projeto do que queremos prestar como serviço, para então ser pensado de que forma pode ser prestado. Um atendimento personalizado é muito diferente de um atendimento de massa, tanto em relação às instalações como em relação à capacidade e treinamento do pessoal. Os tipos de serviços descritos abaixo estão organizados de forma a começar com aqueles mais customizados até os massificados.

2.3.3.6 Serviço Profissional

Os chamados serviços profissionais caracterizam-se por um contato direto e intenso entre cliente e prestador do serviço. Esse tipo de serviço apresenta uma alta customização, o que só pode ser obtido com contato pessoal e individual. Isso faz com que o que é oferecido a um cliente dificilmente será a solução para outro cliente. Típicos desse tipo de serviço são os de advocacia, de arquitetura, cirurgia e consultoria. Nessas atividades citadas, o cliente traz sua situação e o prestador a resolve com soluções propostas a partir da situação trazida pelo cliente. Dificilmente há soluções padrão, pois cada caso tem suas especificidades. Em alguns serviços, como o de consultoria, por exemplo, os consultores devem vivenciar o dia a dia da empresa para poderem trazer a melhor solução, assim como os cirurgiões devem entender o organismo do paciente, suas alergias, suas caraterísticas de saúde, para atuarem mais eficazmente. Outro exemplo típico são os alfaiates de roupas sob medida. Esse profissional adequa totalmente o tipo de roupa que o cliente quer, como cor, modelo, detalhes e suas medidas, com um prazo de entrega longo. Esse tipo de serviço exige profissionais capazes de lidar com as diferenças de seus clientes e estarem aptos e usar a criatividade para situações aparentemente desafiadoras.

2.3.3.7 Loja de Serviços

Um serviço caracterizado com loja de serviços tem um contato menos personalizado com o cliente e soluções menos customizadas. Embora o atendimento possa ser individualizado, as soluções estão dentro de um limite de alternativas padronizadas, ou seja, o cliente não tem o nível de escolha do serviço profissional. Exemplos desse tipo de serviços são os bancos, lojas, restaurantes com cardápio, agências de viagens que proporcionem pacotes padronizados, hotéis. Para todos esses serviços, haverá um atendimento individualizado, mas o profissional que o presta oferece uma gama limitada de opções, o que exige um treinamento dentro dessas opções. Um vendedor técnico, por exemplo, representante de uma empresa de máquinas agrícolas, deve ser capacitado tecnicamente para salientar as vantagens de seu produto frente à concorrência, mas deve

GESTÃO ESTRATÉGICA DE OPERAÇÕES

oferecer somente aquilo que a empresa dispõe em seu portfólio. Mais do que a criatividade exigida por uma empresa de serviço profissional, uma loja de serviço deve ter uma abrangência a maior possível em suas opções de oferta, o que resulta em um diferencial frente a suas concorrentes, além de profissionais que desempenhem da melhor forma possível dentro de seu escopo de ação.

2.3.3.8 Serviços de Massa

Esse tipo de serviço é o menos customizado e com menos tempo de contato com o cliente. Esse é o tipo de serviço mais baseado em equipamentos, o que faz com que atualmente muitos já estejam prescindindo do atendimento humano. Um bom exemplo disso é o supermercado. Nesse local, o cliente entra, ninguém lhe diz o que comprar, ele coloca no carrinho as compras e dirige-se ao caixa. O caixa posiciona os códigos dos produtos no leitor e totaliza o final. Em muitos supermercados, a leitura desses códigos já está sendo feita pelo próprio cliente. Outro exemplo são as vendas de passagens. Anteriormente, as passagens de avião ou ônibus eram exclusivamente vendidas por atendentes das empresas. Eles não tinham opções diferentes a oferecer aos clientes para ir de um local para o outro, ou seja, não havia a customização do serviço, mas havia o atendimento. Hoje em dia, a venda das passagens ocorre por meio de sistemas em que o próprio cliente planeja seu roteiro e opções de horário. Os serviços de massa colocam o sistema ou o equipamento como interface com o cliente, mas com um pessoal na retaguarda a fim de pensar as opções de otimização.

2.4 Estudo de Caso e Questões de Fixação

Estudo de Caso: A Swatch Revoluciona a Fabricação de Relógios (Slack *et al.*, 1997)

No início dos anos 80, a indústria suíça de relógios estava próxima da morte mesmo com sua alta qualidade. A ameaça vinha dos fabricantes do leste asiático, como Seiko e Cassio, que ofereciam produtos a preços menores. Na tentativa de proteger seus investimentos, os bancos suíços, sob orientação do executivo Nicolas Hayek, organizaram a fusão das duas maiores empresas fabricantes de relógios. Esta fusão gerou a empresa SMH. Hayek também acreditava no potencial de mercado de um novo modelo de relógio, todo feito em plástico, que estava sendo desenvolvido em uma das empresas pertencentes a SMH.

Uma de suas principais vantagens era que podia ser fabricado em grande volume a um custo unitário muito baixo. O relógio possuía um mecanismo de quartzo montado dentro da caixa plástica e o número de componentes do relógio era de apenas 51 itens; isso representa menos da metade do número de componentes da maioria dos outros relógios.

Poucos componentes também significavam que a fabricação dos relógios poderia ser mais facilmente automatizada. Isso tornou a produção dos Swatch barata, mesmo na suíça que possui um dos mais altos custos de mão de obra do mundo. O design inovador, algum trabalho criativo de marketing, mas acima de tudo, o sucesso da operação de produzir um relógio mais barato trouxe recompensas significativas para a empresa. No início dos anos 80, a participação de mercado de todos os relógios suíços estava em torno de 25%; dez anos depois a sua participação no mercado mundial era maior que 50%. A habilidade de oferecer um

GESTÃO ESTRATÉGICA DE OPERAÇÕES

bom relógio a preço baixo fez com que o mesmo se tornasse um acessório de moda, tendência que significou colheita dos benefícios de alto volume de produção, embora a empresa tivesse que enfrentar o desafio crescente de oferecer variedade de designs do produto.

Através da automação e da padronização rígida do mecanismo interno do relógio, a empresa enfrentou o crescimento da variedade sem afetar significativamente seus custos. É o sucesso dos gerentes de produção da empresa em manter os custos baixos que permitiu o sucesso do Swatch.

1) De acordo com o texto, marque a opção que melhor representa os objetivos estratégicos de produção que determinaram o sucesso do Swatch:
a)   Custo baixo, alta qualidade, rapidez na entrega.
b)   Inovação contínua, baixo custo, alta qualidade.
c)   Flexibilidade, baixo custo, rapidez na entrega.
d)   Inovação contínua, alta qualidade, variedade de modelos.
e)   Flexibilidade, variedade de modelos, inovação contínua.

2) Segundo o texto "A Swatch revoluciona a fabricação de relógios", na Suíça o custo da mão de obra é bastante elevado e neste tipo de ambiente, os gerentes de produção da SMH são desafiados a encontrar meios de produzir relógios baratos para enfrentar a concorrência dos fabricantes do leste asiático. Assinale a alternativa que mostra como os gerentes de produção da SMH conseguiram minimizar o impacto do alto custo da mão de obra suíça no preço final do Swatch.
a)   Construção de um modelo de relógio feito em plástico.
b)   Desenvolvimento de um modelo de relógio com número reduzido de componentes.
c)   Negociação com os fornecedores de insumos e a posterior redução no seu preço.

d) Automação do processo de produção do relógio.

e) Produção de relógios em grande volume.

3) O Swatch foi um modelo inovador no seu tempo, pois possibilitou a quebra do paradigma de que os relógios de pulso não poderiam ser fabricados em plástico. Agora se lembre dos três conceitos de Porter para estabelecer uma estratégia (custos, resposta e diferenciação). Qual(is) dentre estes conceitos foi usado pela Swatch? Explique.

Referências

AKAO, Y. **Introdução ao desdobramento da qualidade**. Belo Horizonte: Fundação Cristiano Ottoni, 1996.

ASIMOW, M. **Introduction to design**. Englewood Cliffs: Prentice-Hall, 1962.

BATALHA, M.; RACHID, A. **Estratégia e organizações**. In: BATALHA, Mario Otávio. Introdução à engenharia de produção. Rio de Janeiro: Elsevier, 2008.

BAXTER, M. **Projeto de produto: guia prático para o design de novos produtos**. São Paulo: Edgard Blücher, 2000.

BOLGENHAGEN, N. J. **O processo de desenvolvimento de produtos: proposição de um modelo de gestão e organização**. Dissertação de mestrado. Escola de Engenharia. Porto Alegre: UFRGS, 2003.

CARPES Jr, W. P. **Introdução ao projeto de produtos**. Porto Alegre: Bookman, 2014.

CORRÊA, H. L.; CORRÊA, C. A. **Administração de produção e Operações**. 3. ed. São Paulo: Atlas, 2012.

GRAY, C.; LARSON, E. **Gerenciamento de Projetos: o processo gerencial**. 4. ed. São Paulo: McGraw-Hill, 2009.

HAYES, R. H.; WHEELWRIGHT, S. C. **Competing through manufacturing**. Boston: Harvard Business Review. 1. ed. Jan/Feb. 1985 99-109 p. v. 63.

HOFER, C. W.; SHENDEL, D. **Strategy formulation: analytical concepts**. St. Paul: West Publishing Company, 1978.

JAUCH, Lawrence R.; Glueck, William F. **Business Policy and Strategic Management**. New York: McGraw-Hill Book Company, (5th. Edition), 1988.

MINTZBERG, H. **Ascensão e queda do planejamento estratégico**. Porto Alegre: Bookman, 2004.

OLIVEIRA, D. de P. **Planejamento estratégico: conceitos, metodologia e prática**. 4. ed. São Paulo: Atlas, 1989.

PAHL, G.; BEITZ, W. **Engineering design: a systematic approach**. 2. ed. London: Springer-Verlag, 1996.

PORTER, M. **Estratégia competitiva – técnicas para análise de indústrias e da concorrência**. Rio de Janeiro: Campus, 1991.

ROCHA, F. **Ciclo de vida de projeto**. Disponível em http://felipelirarocha.wordpress.com/2013/07/13/ciclo-de-vida-de--projeto/ Acesso em fev. 2023.

SKINNER, W. **Manufacturing link in corporate strategy**. Boston: Harvard Business Review. 3. ed. May/June, 1969. 5-14 p. v. 7.

SKINNER, Wickham. Manufatura – **o elo perdido na estratégia corporativa.** In: TEIXEIRA, Rafael; LACERDA, Daniel; ANTUNES, Junico; VEIT, Douglas (orgs.). Estratégia de produção: 20 artigos clássicos para aumentar a competitividade da empresa. Porto Alegre: Bookman, 2014.

SLACK, N. **Vantagem competitiva em manufatura**. São Paulo: Atlas, 1993.

SLACK, N.; CHAMBERS, S.: JOHNSTON, R. **Administração da produção**. 3. ed. São Paulo: Atlas, 2009.

SLACK, N.; CHAMBERS, S.; JOHNSTON, R.; BETTS, A. **Gerenciamento de operações e de processos: princípios e práticas de impacto estratégico**. 2. ed. Porto Alegre: Bookman, 2013.

SWAMIDASS, P. M.; NEWELL, W. T. **Manufacturing strategy, environmental uncertainty and performance**: a path analytic model. Management Science. 4. ed. Apr, 1987. 509-525 p. v. 33.

VINDI. **Ciclo de vida do produto**. Disponível em http://blog.vindi.com.br/ciclo-de-vida-do-produto/ Acesso em março 2023.

WHEELWRIGHT, S. T.; CLARK, K. B. **Revolutionizing product development**. New York: Free Press, 1993.

3 – PLANEJAMENTO E CONTROLE

3.1 Planejamento e Controle da Produção (PCP)

Na seção de planejamento e controle da produção serão abordados os tópicos relacionados ao conceito e funções da área bem como ferramentas que apoiam o planejamento de recursos das empresas.

3.1.1 Introdução ao PCP

O PCP é responsável pela conciliação entre o que o mercado requer e o que as operações podem fazer. Sabe-se que, na maioria dos processos, esse balanço entre demanda e capacidade não está equilibrado. É neste ponto em que a atuação do PCP acaba sendo crucial para um bom desempenho dos processos.

A atuação do PCP ocorre desde uma cirurgia de rotina, programando e controlando materiais, equipamentos, profissionais e todos os insumos necessários para o procedimento, até a execução da programação em indústrias, como uma montadora de automóveis, por exemplo.

As principais funções do PCP estão atreladas ao nível estratégico, as de longo prazo possuem cunho de planejamento e as de atuação mais imediata, vinculam-se a atividades de controle (Figura 3.1).

Figura 3.1 – Níveis estratégicos x Funções do PCP

Fonte: Adaptado de Nanci *et al.* (2008).

No nível estratégico, o planejamento envolve atividades que são executadas a longo prazo, tais como as políticas da organização, a decisão sobre a linha de produtos que serão fabricados, os pontos de localização das unidades fabris e de estoques, os armazéns ou as unidades de atendimento, os projetos sobre os processos de manufatura, entre outras.

O nível tático considera a alocação e utilização de recursos com decisões de médio prazo e moderado grau de risco e de incerteza, tais como as alterações na capacidade da produção frente às variações de demanda sazonal, por exemplo.

O nível operacional indica o trabalho com o andamento rotineiro da empresa, tais como a programação da produção e o controle de estoques.

De uma forma mais detalhada, é possível citar, como principais funções do PCP, as seguintes atividades (Figura 3.2):

Figura 3.2 – Atividades do PCP

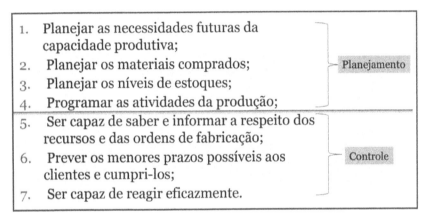

Fonte: Elaborado pelos autores (2024).

Diante das funções supracitadas, verifica-se a necessidade de interlocução do PCP com a maioria (ou todas) as áreas da empresa. No que tange as informações de produtos e processos (lista e quantidade de materiais, tempos de ciclo, alterações em produtos) é necessário um bom alinhamento com a área de engenharia e/ou de Pesquisa e Desenvolvimento (P&D). Relacionado a questões externas (requisitos de clientes, especificidades de fornecedores etc.) é importante o bom alinhamento com a área comercial, de marketing e qualidade das organizações. Por fim, a dominância dos processos e infraestrutura fabril são essenciais para a execução eficiente desta área. A figura 3.3 ilustra alguns exemplos dessa relação entre áreas.

Figura 3.3 – Relação das áreas com o PCP

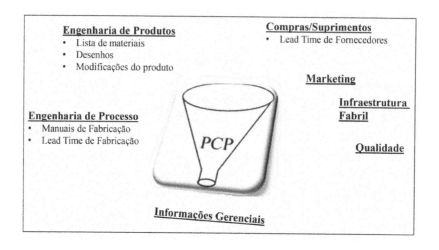

Fonte: Elaborado pelos autores (2024).

Além do entendimento da importância do PCP com as demais áreas de uma empresa e levando em consideração o conceito de planejamento e controle, buscando conciliar demanda e suprimento, para uma tomada de decisão não se pode deixar de levar em consideração tanto a natureza da demanda quanto a natureza do suprimento. Nesse sentido, pode-se entender a demanda a partir de duas visões:

Demanda dependente: É previsível, depende de fatores conhecidos. Exemplo: fábricas sistemistas.

Demanda independente: As expectativas construídas são baseadas em histórico de compras. Exemplo: supermercados, *fast food*.

A demanda dependente ocorre em mercado *business to business* (B2B), onde a transação ocorre de empresa para empresa e não para o consumidor final. Já a demanda independente, dá-se da comercialização direta de uma empresa com o consumidor final, denominado *business to consumer* (B2C).

Na demanda dependente (de empresa para empresa) existe uma previsibilidade calculada em cima de contratos e pedidos em carteira o que não ocorre na demanda independente, em que é possível apenas acompanhar o comportamento de mercado através da análise de históricos.

Para o PCP, compreender o tipo de demanda que deverá atender, determinará a forma como a programação e o controle acontecerão e quais variáveis deverá levar em consideração na execução de suas atividades.

Desta forma, a resposta a demanda pode ocorrer de três maneiras:

A) Obter recursos contra pedido *(resource-to-order)*: nesta resposta, a produção é totalmente puxada, isto é, até mesmo a compra dos insumos é disparada somente após o pedido firmado. Exemplo: Construção de uma casa.

B) Fazer contra pedido *(make-to-order)*: Neste tipo de resposta, a empresa tem todos os recursos disponíveis, mas aguarda o pedido para produzir. Exemplo: *fast food*.

C) Fazer para estoque *(make-to-stock)*: Nesta situação, a produção é totalmente empurrada, estando os produtos acabados finalizados em estoque aguardando a compra. Exemplo: Ração para animais.

Após a compreensão do tipo de mercado e, consequentemente, da demanda existente, dá-se início ao trabalho de conciliação entre suprimento e demanda. É necessário, então, a realização de 4 atividades: 1. Carregamento; 2. Sequenciamento; 3. Programação; 4. Controle.

1. **Carregamento**: É a quantidade de trabalho alocado para um centro de trabalho, pode ser classificado como finito (quando o trabalho alocado ao centro de trabalho respeita um limite estabelecido ou infinito (abordagem de carregamento que não limita a quantidade de trabalho alocada, mas tenta corresponder a ele).

O Carregamento finito é possível onde: a) **É possível limitar a carga** como, por exemplo, a marcação de consultas para um consultório médico ou barbearia; b) **É necessário limitar a carga**, como no caso das capacidades das aeronaves, uma vez que a quantidade de pessoas e cargas em uma avião são limitados por razões de segurança e; c) **O custo da limitação da carga não é proibitivo**, isto é, o custo de manter uma fila finita de pedidos de um fabricante de carros esportivos, por exemplo, não afeta de maneira adversa a demanda e, pode melhorá-la.

Quanto ao carregamento infinito, o mesmo é relevante em operações nas quais: a) **Não é possível limitar a carga**, como, por exemplo, os serviços de emergência dos hospitais; b) **Não é necessário limitar a carga**, como os quiosques de fast-food, que são projetados para flexibilizar a capacidade para cima e para baixo, para corresponder às variáveis de chegada de consumidores, de acordo com a sua capacidade de espera e; c) **O custo da limitação da carga é proibitivo**, como no caso de um banco de varejo que não pode recusar clientes na porta, mesmo que esteja com uma quantidade elevada de atendimentos, precisam atender todos que chegarem dentro do horário estabelecido para o funcionamento da agência.

2. **Sequenciamento**: Refere-se a decisões que devem ser tomadas em relação à ordem em que as tarefas serão executadas. Neste aspecto terão que ser decididas as prioridades de acordo com um conjunto

de regras previamente estabelecidas: Listam-se, na sequência, algumas regras preestabelecidas: a) Restrições físicas; b) Prioridade do consumidor; c) Data prometida; d) Last In First Out (LIFO); e) First In First Out (FIFO); f) First Expired First Out (FEFO); g) Operação mais longa; h) Operação mais curta.

É importante destacar que cada situação vai requerer um tipo de regra a ser definida. No entanto, a estratégia da empresa bem como os objetivos de desempenho que são almejados por esta estratégia devem estar relacionados ao tipo de decisão que será tomada com relação à regra. Por exemplo, se a empresa prima por confiabilidade de entrega, sempre cumprindo os prazos estabelecidos com o cliente, é bem provável que utilizará como regra de sequenciamento a data prometida ou alguma outra regra que não penalizará os prazos de entrega dos pedidos.

Para entender um pouco mais acerca das regras de sequenciamento, apresenta-se, na sequência, detalhes sobre cada uma delas bem como suas relações com os objetivos de desempenho.

a) Restrição Física: A natureza física dos **materiais** determina a prioridade como, por exemplo, tingir os tons claros antes dos tons escuros em uma roupa; A natureza física do **equipamento** pode determinar a sequência da operação, como no caso de uma máquina de corte em uma indústria de papel, em que a combinação dos trabalhos a serem executados pode estabelecer a prioridade. Exemplo: Em uma indústria de confecções, primeiro fazer os cortes grandes e depois os pequenos.

Neste caso, como as escolhas são definidas para um melhor andamento do processo, evitando perdas e aproveitando os materiais de forma mais adequada, fica evidente que o objetivo de desempenho "custo" é uma das principais metas aqui.

b) Prioridades do consumidor: As operações algumas vezes permitem que um consumidor importante, ou temporariamente ofendido, ou um item sejam "processados" antes de outros, independente da ordem de chegada. Exemplos: Bancos, hotéis, serviços de emergência, força policial, triagem de hospital. Este procedimento pode: 1) baixar a média de desempenho da operação; 2) comprometer a qualidade e a produtividade.

c) Data Prometida: Visam melhorar a confiabilidade de entrega de uma operação e a média de rapidez de entrega. Exemplo: Móveis planejados. A opção pela regra da data prometida pode comprometer a produtividade e flexibilizar trabalhos urgentes.

d) LIFO (*Last In First Out*): São prioridades estabelecidas por ordem inversa de chegada. Neste caso, o último a entrar é o primeiro a sair – LIFO. Ex.: Descarga de um elevador; Organização de mercadorias para entrega (o que é alocado primeiramente no caminhão deve ser o último a ser entregue para evitar manuseios e trabalhos desnecessários. Este procedimento pode: 1) Ter efeito adverso na rapidez e na confiabilidade da entrega; 2) Comprometer os objetivos de desempenho se esta regra não for definida por razões de qualidade, flexibilidade ou custo.

e) FIFO (*First In First Out*): São prioridades estabelecidas por ordem direta de chegada. Neste caso, o primeiro a entrar é o primeiro a sair. Exemplo: Atendimento bancário e filas de parques temáticos. Em operações de alto contato com o cliente, o momento de chegada pode ser visto pelos consumidores como uma forma justa de sequenciamento, minimizando assim as reclamações dos consumidores e melhorando o desempenho do serviço

f) FEFO (*First Expired First Out*): São prioridades estabelecidas por prazo de vencimento. Neste caso, o que expira (vence) primeiro, também será o primeiro a sair Exemplo: Produtos em um mercado.

g) Operação mais longa primeiro: Neste caso, os pedidos com lead time de produção maior são priorizados. Vantagens: Ocupar os centros de trabalho dentro da operação por longos períodos antes de realizar uma nova preparação; Nível de utilização mais alto significa custo relativamente mais baixo. Desvantagem: Pode prejudicar a rapidez, confiabilidade ou a flexibilidade de entrega.

h) Operação mais curta primeiro: Neste caso, os pedidos com lead time de produção menor são priorizados. Vantagens: Este tipo de prioridade pode ser estabelecido quando a disponibilidade de caixa é baixa, tornando-se urgente "fazer dinheiro" rapidamente; tem efeito sobre o melhoramento do desempenho de entrega, ou seja, o número de trabalhos completados aumenta. Desvantagem: Pode afetar a produtividade total e prejudicar consumidores maiores.

3. **Programação**: Após a compreensão do tipo de regra a ser estabelecida no sequenciamento e a realização do mesmo, faz-se necessário a programação das ordens. A programação é um cronograma detalhado, que apresenta o início e o fim de um trabalho (ordem de produção). A partir da programação, fica possível evidenciar os prazos dos pedidos e ter uma visão mais ampla do que está sendo projetado de produção para os próximos períodos. Uma das ferramentas muita utilizadas, que facilita nesta visualização, é o gráfico de Gantt.

Os gráficos de Gantt são utilizados como ferramenta de programação da produção desde 1917. Receberam esse nome devido ao engenheiro Henry Gantt. De vários tipos, esses gráficos fornecem informações das mais diversas e com maior ou menor nível de detalhes. Esse gráfico é composto por uma tabela de dupla entrada, sendo cada linha horizontal correspondente a um recurso produtivo de que se dispõe — máquinas, pessoas, centros de trabalho etc. Já

GESTÃO ESTRATÉGICA DE OPERAÇÕES

as divisões verticais dizem respeito às unidades de tempo, tais como dias, semanas e meses. No cruzamento das duas linhas põe-se alguma marcação para indicar o trabalho ou operação que será feita com determinado recurso durante certo intervalo de tempo. (Lelis, 2014).

Figura 3.4 – Exemplo de um gráfico de Gantt para alocação de carga

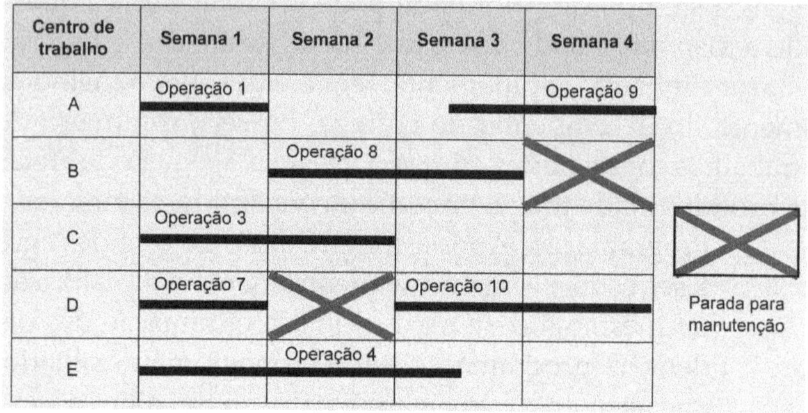

Centro de trabalho	Semana 1	Semana 2	Semana 3	Semana 4
A	Operação 1			Operação 9
B		Operação 8		
C	Operação 3			
D	Operação 7		Operação 10	
E		Operação 4		

Parada para manutenção

Fonte: Moreira (2008).

É importante salientar que a atividade de Programação possui extrema complexidade, pois é necessário considerar recursos diferentes de forma simultânea, tanto com relação a máquinas quanto a recursos humanos. Quando se realiza a programação, depara-se com máquinas de diferentes capacidades bem como com pessoal com habilidades diferenciadas. Além disso, quanto maior o número de programas ou ordens de produção, ainda maior será a complexidade, tornando-se, na maioria dos casos, inviável a realização sem o auxílio de programas específicos.

Ainda é necessário observar neste processo, se a decisão de programação será "para frente" ou "para trás". A programação para frente envolve iniciar um trabalho logo que ele chega. Como vantagens deste modelo observa-se alta utilização do pessoal, uma vez que os trabalhadores sempre começam a trabalhar para manter-se ocupados e as folgas de tempo no sistema permitem que trabalho inesperado seja programado. A programação para trás, por sua vez, envolve iniciar o trabalho no último momento possível sem que ele sofra atraso. As vantagens são os custos mais baixos com materiais que não são usados até que o tenham de ser, retardando assim a agregação de valor até o último momento, bem como uma menor exposição ao risco no caso de mudança de programação pelo consumidor, pois tende a focar a operação nas datas prometidas ao consumidor. A tabela 3.1 apresenta um exemplo dos efeitos da programação para frente e para trás.

Tabela 3.1 - Os efeitos da programação para frente e para trás

Tarefa	Duração	Tempo de início (para trás)	Tempo de início (para frente)
Passar	1h	15h00	13h00
Secar	2h	13h00	11h00
Lavar	3h	10h00	8h00

Fonte: Slack *et al.* (2009).

Para operações com alto contato com o consumidor (polícia, hospitais), em que há a necessidade de escalas de trabalho, sugere-se a utilização da programação através dos padrões de trabalho. Com o uso desta ferramenta, objetiva-

GESTÃO ESTRATÉGICA DE OPERAÇÕES

-se garantir que um número suficiente de pessoas está trabalhando em qualquer momento, para proporcionar uma capacidade adequada para cada nível de demanda nos períodos determinados.

A programação dos padrões de trabalho deve levar em consideração:

A) A capacidade corresponda à demanda – O tamanho de cada turno nunca seja excessivamente longo ou curto (atrativo à equipe);

B) O trabalho nas horas inconvenientes seja minimizado – Os dias de folga acompanhem o acordo feito com os funcionários;

C) Férias e outros períodos livres sejam acomodados – Suficiente flexibilidade (doença de funcionários, surto na demanda).

4. **Monitorando e controlando a operação**: Após o plano (carregamento, sequenciamento e programação), é preciso monitorar para assegurar que as atividades planejadas estejam de fato ocorrendo. Uma forma simples de controlar e comparar se a saída (*output*) está de acordo com o que foi programado. Não estando, algum tipo de intervenção deverá ser realizada ou haverá a necessidade de realizar um novo planejamento.

No entanto, é importante sempre ocorrer alguma intervenção periódica nas atividades da operação, como forma de controle. Para isso, entender as diferenças entre formas de intervenção é de extrema importância, uma vez que existem possibilidades que "empurram" e outras que "puxam" a produção.

Em um sistema de planejamento e controle empurrado, as atividades são programadas por meio de um sistema central, como em um sistema MRP (*Manufacturing Resource Planning*), em português, Planejamento de Recursos de Produção (melhor detalhado na seção 3.1.3). Cada centro de trabalho empurra o trabalho sem levar em consideração se o centro de trabalho seguinte pode utilizá-lo. Os centros de trabalho são coordenados pelo sistema central de planejamento e controle de operações, mesmo que, muitas vezes, as condições reais sejam diferentes das planejadas.

Já no sistema de controle puxado, o passo e as especificações do que é feito são estabelecidos pela estação de trabalho do consumidor que puxa a estação de trabalho antecedente "fornecedor". O consumidor atua como único gatilho para a movimentação.

Compreender os diferentes princípios das programações empurrada e puxada é necessário, devido ao impacto que gerará na linha de produção, principalmente em termos de volume de estoques. Os sistemas puxados são menos propensos a geração de estoques, enquanto o empurrado além da possibilidade de geração proposital de estoques (estoques de segurança), ainda conta com as incertezas entre as etapas do processo que podem impactar em tal aumento (estoque em processamento).

3.1.2 ERP

ERP significa *Enterprise Resource Planning* — traduzindo do inglês, "Planejamento dos Recursos da Empresa". Logo, "sistema ERP" nada mais é do que um *software* de gestão empresarial que serve para automatizar processos manuais, armazenar dados e unificar a visualização de resultados.

Corrêa, Gianesi e Caon (2001) argumentam que o sistema ERP tem por objetivo suportar as informações gerenciais necessárias aos tomadores de decisões numa organização, auxiliando também na eficiência das operações. Um dos motivos que levaram diversas empresas a adotar o referido sistema foi a possibilidade de integração de todas as áreas e setores funcionais, buscando o compartilhamento de uma mesma base de dados e administrando de maneira eficiente e efetiva os recursos de negócios (Aloini; Dulmin; Mininno, 2007). Essas melhorias impactam, consequentemente, no aumento da satisfação dos clientes.

Exemplificando o que esse sistema pode oferecer, na Figura 3.5 são mostrados os módulos que compõem a maioria dos ERPs mais avançados, com módulos integrados.

Figura 3.5 – Módulos que compõem o ERP

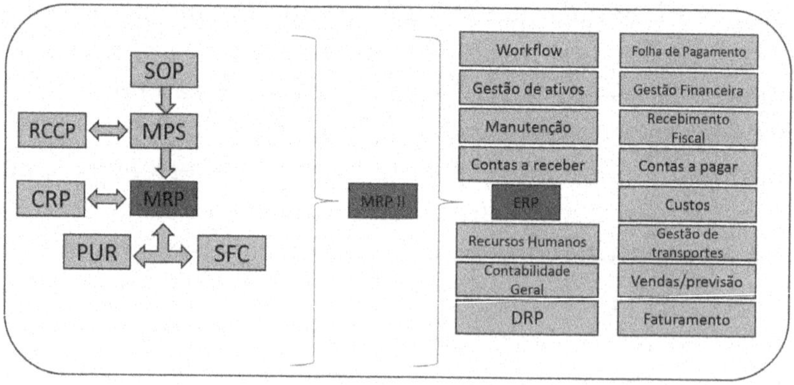

Fonte: Adaptado de Corrêa, Gianesi e Caon (2001 *apud* Oliveira e Hatakeyama, 2012).

Devido a sua complexidade, elevados custos de investimento, barreiras de implantação e imposição de mudanças radicais na organização, esses sistemas têm apresentado algumas falhas (Law; Ngai, 2007). Um aspecto necessário para que o ERP alcance, eficazmente, os objetivos organizacionais é o amadurecimento e preparação da empresa para as transformações, definindo claramente as necessidades e compatibilizando-as aos objetivos do negócio (Aloini;

Dulmin; Mininno, 2007; Sammon; Adam, 2010; Law; Ngai, 2007). O sucesso do ERP requer a capacitação das pessoas para o enfrentamento dos desafios tecnológicos e a mútua adaptação entre a tecnologia da informação e o ambiente organizacional (Wang *et al.*, 2008).

Na sequência listam-se algumas preocupações a serem observadas durante o processo de implantação/migração para um ERP, a fim de que suas visíveis contribuições sejam enaltecidas:

Pacotes comerciais: Os fornecedores de *software* têm se esforçado para unir seus sistemas aos nichos de mercado específicos. Normalmente são oferecidos como pacotes comerciais fechados que auxiliam na integração das funções, contudo obrigam a empresa compradora a adequar-se a esses *softwares* (Aloini; Dulmin; Mininno, 2007).

Adequação, funcionalidades e localização: A aquisição de um ERP pode gerar duas situações: primeiro é o processo de adequá-lo às exigências organizacionais por meio da parametrização; segundo é o processo de personalização ou customização, o qual consiste na acomodação às necessidades específicas da empresa. Apesar dessa possibilidade oferecida, salienta-se que ainda há, nos diversos países, a dificuldade desses sistemas se adaptarem à legislação, à economia, à política e à cultura locais. É crucial analisar os riscos e impactos dessas mudanças (Oliveira e Hatakeyama, 2012).

Custos elevados: Os custos predominantemente estão relacionados à infraestrutura de *hardware* e *software*, consultorias, treinamentos, contratação de pessoal especializado e outros que, muitas vezes, não aparecem durante o ciclo de vida do sistema (Aloini; Dulmin; Mininno, 2007). Para Yen e Sheu (2004), o que se denota é a ausência de um planejamento rigoroso, capaz de antever os gastos com as customizações, o que faz com que, por consequência, esses acabem gerando maiores custos, que ultrapassam o orçamento estipulado (Oliveira e Hatakeyama, 2012).

GESTÃO ESTRATÉGICA DE OPERAÇÕES

Atualização: Oferecem a possibilidade de upgrades, que são melhorias importantes e necessárias incorporadas ao sistema, que atualizam para as novas versões, para adequar-se a mudanças (Aloini; Dulmin; Mininno, 2007). Entretanto, esse aspecto também tem recebido críticas, por situações em que dificuldades na flexibilização do sistema para se ajustar à realidade empresarial, responder às variações, ao crescimento do negócio e a estratégias competitivas globais se apresentaram (Oliveira e Hatakeyama, 2012).

Prazos e orçamentos: O projeto pode falhar por não se realizar no prazo e orçamento previsto (Aloini; Dulmin; Mininno, 2007). Esse fator, segundo Padilha e Marins (2002), pode ocorrer devido a troca frequente de pessoal na empresa, escassez de treinamento, resistência, qualidade da consultoria, limitações técnicas e nas afinidades com as demais tecnologias.

Embora estes sejam pontos de atenção bem relevantes, é inegável que a adoção de um ERP, realizada por meio de um planejamento robusto e execução controlada, traz inúmeras melhorias para a empresa. Dentre elas é possível citar a otimização dos custos com Tecnologia da Informação (TI), uma vez que o ERP concentra os recursos de vários sistemas em apenas um. A maior transparência dos dados e facilidade no monitoramento dos mesmos, como estoques por exemplo, é outro fator benéfico. Por fim, destacam-se os relatórios e planejamento aprimorados, de fácil acesso aos usuários e sempre atualizados, facilitando o papel analítico na tomada de decisões, independente da área da empresa.

3.1.3 MRP

Originalmente a sigla MRP era abreviatura de *Material Requirement Planning* (planejamento das necessidades de materiais), mas com o tempo passou para *Manufacturing Resource Planning* (Planejamento de Recursos de Produção). Para diferenciá-los utilizam-se as siglas MRP I para *Material Requirement Planning* e MRP II para *Manufacturing Resource Planning*. (Neto, 2022).

O MRP I cuida das necessidades de matérias-primas das operações enquanto o MRP II atua sobre todas as imposições de manufatura (recursos físicos, pessoas etc.). O conceito básico de construção é o mesmo para ambos, a partir da especificação de todos os elementos envolvidos em um determinado produto (lista de materiais, estoques, demandas, capacidade de equipamentos), estabelecem-se as necessidades de compras/produções necessárias em um determinado período de tempo.

O MRP a partir da programação da produção de produtos finais (de demanda independente, portanto), determina a programação da compra, fabricação ou montagem de suas partes componentes (demanda dependente).

O sistema em si calcula os estoques e define momentos em que é necessário comprar cada item de um produto, com base nas suas necessidades e estrutura da fábrica. Assim, seu objetivo é manter a estrutura funcionando sem excessos ou falta de material. Portanto, esse *software* ajuda a desenvolver métodos e rotinas que atuam no planejamento de uso e compra de cada material, programando também sua produção.

Para efetuar a programação, o MRP necessita de três informações básicas: demanda ou Programa Mestre de Produção (PMP), lista de materiais e informações sobre estoques.

- **PMP**: Estabelece quais produtos finais serão feitos, em que datas e em que quantidades; Além da demanda determinada por previsão, o PMP também incorpora demanda de outras fontes: carteira de pedidos de clientes, necessidades de estoques de segurança, demanda de armazéns de distribuição etc.

- **Lista de materiais**: composta por todos os materiais que são necessários para a produção de um produto final;
- **Saldo de estoques**: quantidade do produto final e de cada material estocados na empresa.

Com cada informação levantada, o *software* realiza seu cálculo, indicando ordens de produção e compra de matéria-prima, de acordo com as previsões de venda de cada produto.

O sistema estipula um estoque de segurança e pontos de reposição de cada material, diminuindo as possibilidades de perda ou excesso de cada um e auxiliando os gestores na tomada de decisão de compra e no ritmo de produção dos produtos.

Para que a execução do sistema aconteça de maneira natural, as etapas seguintes devem ser levadas em consideração:

- **Planejamento da produção**: envolvendo estratégias e dados como volume de vendas, custo e lucro, o planejamento também leva em conta fatores como sazonalidade, ciclo de vida e considerações geográficas e de distribuição dos produtos. Além disso, a previsão de vendas e todo o seu valor agregado deve ser levado em conta;
- **MPS** — *Master Production Scheduling* (**Plano Mestre de Produção**): nessa etapa é determinado o fluxo de produção a cada período, já considerando as capacidades da empresa;
- **MRP** — *Material Requirements Planning* (**Planejamento das Necessidades de Materiais**): após aprovação do plano mestre, é feito o planejamento do material que será necessário no período considerado;

- **CRP** — *Capacity Requirements Planning* (**Planejamento das Necessidades de Capacidade**): aqui é pensada a melhor maneira que a produção tem para executar o trabalho, considerando inviabilidades e capacidades da empresa;
- **Execução da produção**: após todos os ajustes e cenários feitos, as ordens de compra, fabricação e entrega vão sendo liberadas, de modo que o fluxo seja contínuo e não tenha atrasos ou imprevistos.

O MRP é um módulo que pode integrar com o ERP. A vantagem desta integração do MRP com o ERP é que o controle operacional vai muito além da etapa do chão de fábrica. Pelo contrário, já inicia no momento em que o pedido é feito e contabilizado. Ou seja, trata-se de um ciclo completo de dados que podem ser processados para ajudar a melhor planejar a produção, gerenciar suas aquisições e controlar o estoque.

3.1.4 OPT e TOC

OPT – Optimized Production Technology

Inicialmente desenvolvida em 1978, com o nome de *Optimized Production Timetables* (Produção otimizada a horários), por um grupo de pesquisadores israelenses, tendo à frente o Dr. Eliyahu Moshe Goldratt, a OPT só passou a ser denominada *Optimized Production Technology* em 1982, com o lançamento de um *software* para aplicação de seus conceitos em empresas.

Segundo Slack, Chambers e Johnston (2009), a OPT é uma técnica computadorizada que auxilia a programação de sistemas produtivos, ao ritmo ditado pelos recursos mais fortemente carregados, ou seja, os gargalos. Se a taxa de atividade em qualquer parte do sistema exceder a do gargalo, alguns itens estarão sendo produzidos sem que possam ser utilizados, se a taxa de retrabalho cai abaixo do ritmo do gargalo, todo o sistema é subutilizado. Os princípios norteadores do OPT são apresentados na sequência.

São princípios do OPT:

1. Equilibrar o fluxo e não a capacidade.

A abordagem inicial enfoca no balanceamento da capacidade e somente depois tenta estabelecer um fluxo de materiais estável e, de preferência, contínuo. O OPT dá ênfase ao fluxo de materiais e não na capacidade dos recursos produtivos.

2. A utilização de um recurso não gargalo não é determinada pela sua disponibilidade.

A utilização de um não gargalo é determinada, na verdade, por alguma outra restrição do sistema como, por exemplo, um gargalo. Não adianta colocar a capacidade de produção no máximo se houver gargalos no processo de produção, pois isso gera mais estoques intermediários. Então a produção deve ser baseada na otimização da capacidade do gargalo.

3. Utilização e ativação de um recurso não são sinônimas.

Caso a ativação do recurso não implique em contribuição ao atingimento dos objetivos, esta não pode ser chamada de utilização. Exemplo: uma máquina produz 150 peças em 1 hora e o próximo processo precisa de 2h para atender essa demanda. Então não é necessário que o primeiro recurso também seja produzido por 2h, pois isso vai gerar estoque. É necessário focar na ativação dos recursos gargalos, pois estes, sim, serão utilizados.

4. Uma hora ganha em um recurso gargalo, é uma hora ganha para o sistema global.

Como comentado anteriormente, quem limita o sistema global da produção são os recursos gargalos. Portanto, ganhar tempo no recurso gargalo, impacta toda a produção.

5. Uma hora ganha em um recurso não gargalo não é nada, é só uma miragem.

Os benefícios não são iguais em se reduzir os tempos de preparação (*set up*) em recursos gargalos e em não gargalos. Ou seja, se for realizada alguma melhoria no processo de um recurso não gargalo, não vai gerar ganho de lead time de processo ou aumento de produção de peças.

6. O lote de transferência pode não ser e, frequentemente, não deveria ser, igual ao lote de processamento.

Lote de processamento é o número de peças que serão processadas no equipamento. Já o lote de transferência é o número de peças que vão passar para a próxima etapa.

7. O lote de processamento deve ser variável e não fixo.

Exemplo: num lote de 20 peças, não é necessário aguardar a conclusão de todas para continuar, pode-se dividir em 4 lotes de processamento de 5 cada. Isso reduz o tempo de espera do processo.

8. Os gargalos não só determinam o fluxo do sistema todo, mas também definem seus estoques.

Os estoques devem ser localizados em pontos do processo de forma que consigam isolar os gargalos das incertezas que possam ocorrer com os processos não gargalos.

9. A programação de atividades e a capacidade produtiva devem ser consideradas simultânea e não sequencialmente. *Lead times* são um resultado da programação e não podem ser assumidos.

Lead times são resultados da programação e não podem ser assumidos, é a função do sequenciamento da produção

GESTÃO ESTRATÉGICA DE OPERAÇÕES

e não entrada do sistema como ocorre no MRP. Esse princípio fala que a saída do sistema deveria ser o tempo de processamento e não a entrada.

Além dos referidos princípios, o sistema **Tambor, Pulmão e Corda** (*Drum-Buffer-Rope*) serve como suporte para o OPT programar as atividades. Nos ambientes fabris é muito comum existir uma série de restrições, como as de mercado, fornecimento, comportamento da empresa, capacidade dos processos produtivos, entre outros. Essas características favorecem a existência de gargalos. O sistema tambor, pulmão e corda age de forma a otimizar o processamento das atividades da produção.

Tambor: determina o ritmo para a restrição. Ele é a programação em detalhes das restrições com todos os itens que devem ser produzidos, quantidades, e os horários de início e de término. São as demandas que determinam o ponto de partida do Tambor.

Pulmão: é um mecanismo de tempo usado para proteger o gargalo das incertezas. Atua como um "fôlego", ou seja, a tarefa que antecede o gargalo produz mais do que o gargalo é capaz de processar, de forma que o gargalo nunca pare, para que a produção não seja afetada.

Corda: é o mecanismo de informação usado para sincronizar a fábrica e determinar a liberação dos materiais na cadeia de suprimentos. Ela assegura que a liberação dos itens estará na quantidade exata e será processada pela restrição. Por meio de seu uso, é garantido que os recursos operem no mesmo ritmo, sem elevar os níveis do estoque no processamento.

Teoria das Restrições (*Theory of Constraints* – TOC)

O desenvolvimento do *software* OPT inspirou a criação, pelo Dr. Goldratt, da Teoria das Restrições (*Theory of Con-*

straints – TOC), que tem como postulado que todo sistema possui restrições que limitam seu negócio. A teoria fornece, então, uma série de ferramentas para identificá-las e tratá-las.

A introdução da Teoria das Restrições se deu em 1984 com a publicação do livro "A Meta". Seu enredo é abordado por Noreen, Smith e Mackey (1996, p. 3):

> Esta obra extraordinária expôs uma teoria de gerenciamento sob o disfarce de uma novela a respeito de um gerente de fábrica, Alex Rogo. A fábrica de Alex estava com grandes problemas e em perigo iminente de ser fechada pela direção. A fábrica foi salva por deixar de lado práticas gerenciais tradicionais apreciadas, que estavam criando terríveis dificuldades. Alex foi ajudado durante todo o tempo pelas perguntas desafiadoras de Jonah, um acadêmico israelense que surge em pontos críticos do romance.

A ideia fundamental na TOC é que todo sistema tangível possui ao menos uma restrição. Entendendo-se uma restrição como qualquer coisa que impede o sistema a alcançar o seu objetivo, remete-se a analogia feita a uma corrente, em que sua força de tensão se encontra no elo mais fraco. Encontrar as restrições que limitam o ganho da empresa e gerenciar eficazmente a utilização destas restrições, garantirá a maximização do lucro frente às condições atuais da empresa. O combate às restrições guia o processo de melhoramento contínuo da empresa, aumentando sempre o ganho da mesma. Neste sentido, são necessários altos níveis de desempenho em relação a três objetivos operacionais: Ganho, Inventário e Despesa Operacional.

Ganho: É a taxa segundo a qual o sistema gera dinheiro através da venda de seus produtos. Deve-se notar que o ganho se refere ao fluxo de produtos vendidos. Os produtos feitos, mas não vendidos ainda são classificados como estoques.

Inventário: Quantificado pelo dinheiro que a empresa empregou nos bens que pretende vender. Refere-se ao valor apenas das matérias-primas envolvidas. Não se inclui o "valor adicionado" ou o "conteúdo do trabalho". O tradicional "valor adicionado" pelo trabalho se inclui nas despesas operacionais.

Despesas operacionais: É o dinheiro que o sistema gasta para transformar estoque em fluxo.

Com base na TOC, existem alguns tópicos que são de vital importância para se aumentar a produtividade dentro de um sistema produtivo. Inicialmente, utiliza-se a técnica de dividir primeiramente os recursos disponíveis na empresa em dois grupos: os recursos-gargalos e os não gargalos.

Gargalo: é um ponto do sistema produtivo (máquina, transporte, espaço, homens, demanda etc.) que limita o fluxo de itens no sistema.

Na figura 3.6, é possível visualizar um fluxo simplificado, a fim de elucidar os recursos gargalos e não gargalos. Considera-se, como recurso gargalo a etapa de "Acabamento", uma vez que é a operação que tem menor capacidade produtiva e onde serão gerados os maiores níveis de estoques se as etapas anteriores (Corte e Costura), consideradas não gargalos, trabalharem na mesma intensidade e com mesma carga horária que a de Acabamento.

Figura 3.6 – Fluxo produtivo

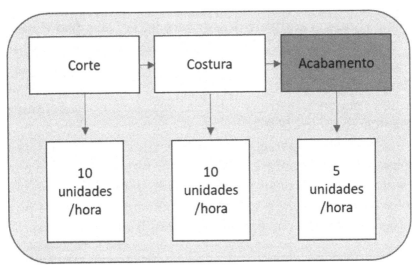

Fonte: elaborado pelos autores (2024).

Uma vez identificados os recursos da empresa e feita a categorização de gargalos e não gargalos, é possível a aplicação dos princípios da TOC no processo produtivo. A seguir seguem os 5 passos para o aprimoramento contínuo apresentados em A Meta.
  a) Passo 1. Identificar a(s) restrição(ões) do sistema;
  b) Passo 2. Explorar a(s) restrição(ões) do sistema;
  c) Passo 3. Subordinar qualquer outra coisa à decisão acima;
  d) Passo 4. Elevar a(s) restrição(ões) do sistema;
  e) Passo 5. Se uma restrição for elevada, volte ao Passo 1. (Não deixe que a inércia seja a maior restrição do sistema).

Portanto, deve-se primeiramente identificar a restrição do sistema. Em seguida, necessita-se definir como explorá-la, tirar o maior proveito dela, de modo que tudo que será consumido pela restrição seja fornecido por um fator não-restrição. Posteriormente, deve-se subordinar os demais recursos ao recurso restrição, isto é, eles não devem trabalhar mais rápido nem mais devagar que ele. Conclui--se o processo elevando a restrição, a exemplo de aumentar o nível de turnos ou adquirir outro recurso idêntico, até que se quebre a restrição, ou seja, surja uma nova (Schmidt; Santos; Pinheiro, 2007).

Concluindo, percebe-se que a partir da TOC é possível observar que as empresas devem ser vistas como uma corrente, onde é preciso pensar globalmente, mas atuar nos elos mais fracos, com ações locais. Somente assim, será possível fortalecer a corrente e não permitir que ela se parta.

IMPORTANTE: Qual a diferença entre OPT e TOC?

O OPT é um *software*, que ajuda a implementar uma parte do conceito da Teoria das Restrições na programação dos recursos como na capacidade finita. Basicamente a diferença entre OPT e Teoria das Restrições é que a Teoria das Restrições é bastante abrangente, com diversos conceitos, e o OPT é um *software* de programação da produção.

3.2 Planejamento e Controle da Capacidade

A capacidade de produção abrange uma diversidade de interações complexas dentro da empresa. É necessário considerar fatores como espaço físico, equipamento, taxas de produção, recursos humanos disponíveis, políticas da empresa e confiança de fornecimento (Hayes, 2008). Nas palavras de Slack, Chambers e Johnston (2002, p. 344): "A capacidade de uma operação representa o máximo nível de atividade de valor adicionado em determinado período de tempo que o processo pode realizar sob condições normais de operação".

Neste sentido, podemos afirmar que a capacidade se relaciona ao volume a ser atingido, ao rendimento máximo, ao "poder de produção" de uma determinada empresa. Isto é, quando os valores produzidos estiverem mais próximos da capacidade, melhores são os resultados da empresa.

Gerir a capacidade faz parte da estratégia da empresa, uma vez que alterações de capacidade implicam em grande impacto de custos (compra de maquinário, abertura de parque fabril), que devem ser incorridos com bastante antecedência, envolvendo um profundo planejamento financeiro. A gestão da capacidade também acontece em nível operacional e tático, primeiro pelo acompanhamento diário dos resultados produtivos obtidos e posteriormente pela comparação com o que foi planejado, gerando ações de ajuste. (Santos *et al.*, 2020).

No entanto, não é possível ter um bom planejamento e controle da Capacidade, se não houver conhecimento acerca da gestão da demanda, afinal de contas, a demanda deve ser o principal norteador na decisão de implantação (ou não) de capacidade. Não há por que produzir, ofertar algo ao mercado se não houver demanda interessada. Também não se pode oferecer volumes excedentes, pois pode-se incorrer em custos de estoques. Outro problema, ainda, é não considerar uma demanda e perder a oportunidade de uma venda.

Nesse contexto, buscar-se-á a exploração de três etapas do planejamento e controle da capacidade: 1) Medir demanda e capacidade agregadas; 2) Identificar as políticas alternativas da capacidade; 3) Escolher as políticas de capacidade mais adequadas.

GESTÃO ESTRATÉGICA DE OPERAÇÕES

3.2.1 Medição de Demanda e de Capacidade

Segundo Slack (2000), "o principal problema com a medição da capacidade é a complexidade da maior parte dos processos produtivos. Somente quando a produção é altamente padronizada e repetitiva é fácil definir a capacidade". Além da complexidade da capacidade, ainda é preciso considerar a incerteza da demanda, uma vez que a natureza pode ser independente (geralmente no mercado B2C) ou dependente (mercado B2B), bem como estar relacionada a sazonalidades e outras flutuações de difícil mensuração. Para análise dos diferentes tipos de demanda, aconselha-se a leitura da seção 3.1.1.

As previsões de flutuações da demanda são, geralmente, responsabilidade dos departamentos de vendas e/ou marketing, no entanto, por tratar-se de uma variável extremamente necessária para a definição de capacidade, é importante que gerentes de produção ou responsáveis por este tema, conheçam a base de fundamentos lógicos para a previsão de demanda.

Por isso, no que diz respeito ao Planejamento e Controle de Capacidade, três são os requisitos para uma boa previsão de demanda: 1) Ser expressa em termos úteis (horas/máquina; peças/mês; barris de cerveja por trimestre); 2) Ser tão exata quanto possível; 3) Dar uma indicação da incerteza relativa (é possível utilizar a estatística, realizando uma distribuição de demanda por dia, por exemplo).

Quando a natureza da operação não varia significativamente, o volume de produção é uma medida adequada de capacidade. Na indústria as unidades de medida para produção são diretas, como por exemplo: número de automóveis por mês, toneladas de carvão por dia, barris de cerveja por trimestre. Entretanto, devem-se considerar outros fatores para a determinação da capacidade, particularmente nos casos em que as demandas são variáveis para os processos numa gama muito ampla de produtos, tornando as medidas de volume de produção menos efetivas (Slack, 2000).

Além disso, a sazonalidade seja da demanda ou de suprimento, presentes em muitos produtos e serviços, é outro ponto importante a ser identificado para um bom controle de capacidade. A figura 3.7 demonstra alguns exemplos de produtos e serviços sazonais. Estas flutuações na demanda ou no suprimento podem ser razoavelmente previsíveis, uma opção para esta análise pode partir do uso de séries temporais.

Figura 3.7 – Exemplos de Produtos e Serviços sazonais

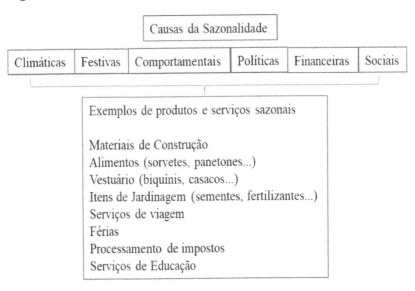

Fonte: Adaptado de Slack *et al.* (2009).

Em operações de serviço, dada sua natureza e característica (variabilidade, sazonalidade, intangibilidade, demandas aleatórias, dentre outras), medir a capacidade tor-

GESTÃO ESTRATÉGICA DE OPERAÇÕES

na-se um desafio permanente para os gestores. Em serviços hospitalares, é difícil estabelecer medidas de capacidade. Nos hospitais uma medida de capacidade é o número de leitos disponíveis ou ocupados por mês. Nos hospitais, particularmente aqueles que trabalham com demandas variáveis, emergenciais e inadiáveis, para executarem diversos serviços, a capacidade está diretamente relacionada ao mix de atividades desempenhadas (Slack, 2002).

Quando a medida se refere à mão de obra, o grau de dificuldade se eleva. As variações intrínsecas do trabalho humano e as diferenças de produtividade causam grande variabilidade na capacidade de atender a pacientes. Fatores como fadiga, experiência ou inexperiência profissional e habilidades individuais são apenas alguns dos elementos que influenciam na capacidade de atendimento, especialmente na área de saúde. A medida de capacidade deve considerar uma dimensão temporal. No caso de um médico, por exemplo, pode ser expresso pelo número de pacientes atendidos por hora. Nesse sentido é importante considerar que a informação sobre a capacidade disponível será sempre uma aproximação devido a variações que podem ocorrer durante as operações, particularmente em processos intensivos em mão de obra (Corrêa e Corrêa, 2012).

A mensuração de capacidade pode ser realizada tanto para empresas fabricantes de produtos quanto para empresas prestadoras de serviços. A grande diferença é que no ramo de serviços a capacidade também inclui o cliente em sua mensuração, já que ele faz parte do processo produtivo. Conforme Slack; Chambers e Johnston (2002), os tipos de capacidade são:

- **Capacidade projetada** — taxa ideal de saída que uma empresa deseja produzir em condições normais e para a qual o sistema produtivo tenha sido desenhado.

- **Capacidade máxima de produção** — taxa potencial máxima de saída, que pode ser alcançada quando todos os recursos produtivos estão sendo utilizados ao máximo. Geralmente, essa capacidade pode ser utilizada por curtos períodos, pois demanda altos custos de energia, gastos com horas extras, maior quebra de máquina etc. A utilização da capacidade máxima em tempo integral pode reduzir os níveis de produtividade, além de aumentar os custos médios.
- **Capacidade nominal (instalada)** — muito similar à capacidade máxima de produção, esta taxa considera o trabalho dos equipamentos de produção a plena carga e sem interrupção, operando com uma eficiência de 100%. A soma das capacidades nominais forma a capacidade instalada.
- **Capacidade efetiva** — capacidade real que pode ser produzida considerando a eficiência sobre a capacidade nominal. Considera uma operação funcionando em condições normais.
- **Capacidade ociosa** — capacidade disponível que não está sendo utilizada pela empresa.

Segundo Hayes (2008), as estratégias de capacidade devem estar em total alinhamento com outros objetivos da empresa. Segundo o autor, elas devem incluir os seguintes fatores:

- previsão de crescimento e variabilidade da demanda para produtos e serviços da empresa;
- custos de construção e operação de instalações de diferentes tamanhos;
- taxas e direções vantajosas de evolução tecnológica;
- comportamento esperado dos concorrentes nacionais e internacionais;
- disponibilidade, capacitações e custos de fornecedores externos de forma antecipada.

Outra decisão estratégica diz respeito ao modo como a empresa atenderá a demanda do consumidor. Segundo Corrêa e Corrêa (2022), a empresa pode optar por três estratégias principais, ilustradas na Figura 3.8.

Figura 3.8 – Opções de ajuste da capacidade à demanda

Fonte: Corrêa e Corrêa (2022).

A opção mais à esquerda apresenta uma política de capacidade constante, em que uma empresa que se antecipa à demanda, utilizando a estratégia de geração de estoques. Nesse caso, o investimento em capacidade é feito antes que a demanda ocorra, gerando alta utilização do processo produtivo, o que resulta em alta produtividade e custos baixos. Empresas que optam por essa estratégia garantem o atendimento dos seus clientes e conseguem absorver facilmente demandas extras. Esse excesso de capacidade em relação à demanda é conhecido como colchão de capacidade (Hayes, 2008). Isso ajuda a empresa a responder mais prontamente que os concorrentes em mercados de rápido crescimento, por vezes aumentando sua participação de mercado. Em contrapartida, empresas que se antecipam à demanda podem apresentar períodos de ociosidade de utilização da sua capacidade, resultando em custos altos. Elas também desembolsam com antecedência o investimento em capital, cujo retorno será possível somente a longo prazo. Outra crítica é quanto à geração de grandes estoques caso a demanda não seja a esperada, o que pode resultar em perda de produtos por perecibilidade ou obsolescência.

Outra estratégia de planejamento da capacidade é acompanhar a demanda, ilustrada no gráfico do meio da Figura 3.8. Empresas que optam por essa estratégia buscam vincular sua capacidade com os nívcis variáveis da demanda prevista. Nesse caso, elas reduzem o risco de adotar tecnologias ou realizar investimentos com base em uma previsão otimista de demanda, sempre trabalhando o mais próximo possível da realidade. Sua operação está sempre funcionando rente à capacidade máxima, minimizando custos de produção e períodos ociosos. Hayes (2008, p. 109) chama essa estratégia de colchão negativo, em que "[...] a probabilidade de ocorrerem faltas é maior do que a probabilidade de existir excesso de capacidade". Um ponto negativo dessa estratégia é a variação constante do tempo de trabalho, que é modificado segundo a variação da demanda. Portanto, em tempos de pico a empresa pode gastar mais com horas-extras, contratação de mão de obra temporária, subcontratação e outras estratégias que a levam a perder margem de lucro e qualidade produtiva, além de poder resultar em falta de produtos para o consumidor final.

A terceira estratégia é a de uma política mista entre as duas estratégias anteriormente referidas. Ela é uma forma de reduzir "[...] simultaneamente os custos e os estoques, minimizar o investimento em capital e ainda proporcionar uma abordagem ágil e orientada para o cliente, em todos os momentos" (Slack; Chambers; Johnston, 2002, p. 360). Segundo Corrêa e Corrêa (2022), a política mista pode também utilizar os estoques para tirar vantagens de antecipação da capacidade. Slack, Chambers e Johnston (2002) já haviam exemplificado esse "ajuste com estoques", no qual o excesso de capacidade em um período pode suprir um período de subcapacidade posterior. Veja um exemplo na Figura 3.9.

Figura 3.9 – Ajuste da capacidade com estoques

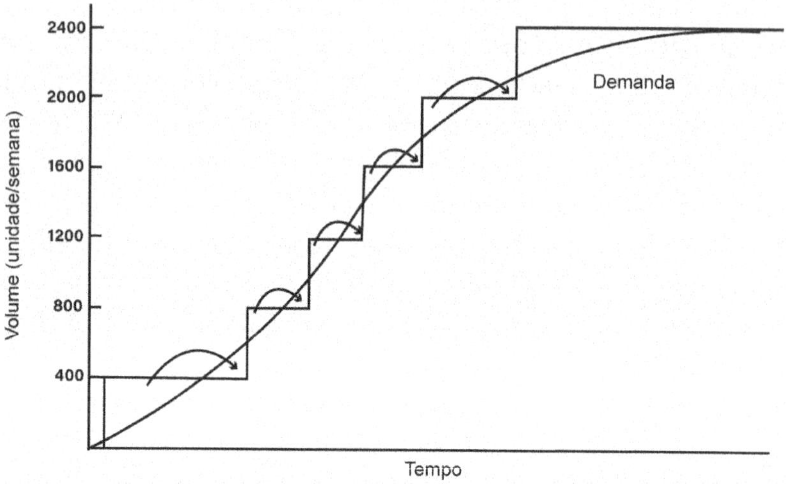

Fonte: Adaptado de Slack, Chambers e Johnston (2002).

Os estoques gerados nessa estratégia apresentam tanto vantagens quanto desvantagens. Como vantagem, destaca-se o pleno atendimento da demanda, deixando os clientes mais satisfeitos. A utilização da capacidade também é maximizada, fazendo com que os custos sejam baixos. Picos de demanda eventualmente gerados a curto prazo podem ser absorvidos e atendidos rapidamente. Como desvantagens, os estoques geram custos de manutenção e podem comprometer grande parte do capital de giro da empresa se não forem bem administrados. O investimento em estoques pode, por exemplo, reter capital que poderia ser utilizado para um aumento da capacidade, seja em aquisição de maquinário ou de tecnologia. Além disso, estoques armazenados estão sujeitos a deterioração e obsolescência, resultando em perdas dos de todos os recursos utilizados ao produzi-los.

Corrêa e Corrêa (2022) resumem as três estratégias conforme o Quadro 3.1.

Quadro 3.1 – Resultados para cada estratégia de capacidade para diferentes critérios

Política / Critério	Capacidade atencipa-se à demanda	Capacidade segue a demanda	Política mista
Ocupação de recursos	Baixa	Alta	Média
Instante de reembolso	Antecipado	Postergado	Médio
Risco ao desempenho em velocidade	Baixo	Alto	Moderado
Risco ao nível de serviços	Baixo	Alto	Moderado
Flexibilidade de volumes	Alta	Baixa	Média
Custo unitário decorrente de utilização da capacidade	Alto	Baixo	Médio

Fonte: Adaptado de Corrêa e Corrêa (2022).

É a partir da estratégica de capacidade que a empresa pode identificar sua necessidade de aumentar ou reduzir sua operação. Contudo, muitas vezes um controle adequado da eficiência produtiva é suficiente para manter a capacidade instalada, sem necessidade de investimentos para aumento. Neste sentido, um dos indicadores mais difundidos na literatura e utilizados nas empresas, será apresentado no próximo tópico.

3.2.2 OEE e OLE

Para medir as melhorias implementadas pela Manutenção produtiva total (TPM), do inglês total *productive maintenance*, desenvolveu-se a OEE (Overall Equipment Effectiveness) (Albertin *et al.*, 2012). A OEE combina resultados de disponibilidade, performance e qualidade, representando a taxa global de utilização de um equipamento (Rodrigues, 2009). Antes da OEE, apenas a disponibilidade dos equipamentos era avaliada, deixando de considerar variáveis importantes no cálculo.

A OEE é uma medida de eficiência da produção de um equipamento no decorrer de um tempo programado de operação (Ferreira *et al.*, 2012). Segundo Zattar *et al.* (2011), seu propósito é fornecer um valor que seja utilizado como medida global de eficiência na manufatura. Raposo (2011) acrescenta que a OEE ajuda a identificar as reais condições de uma fábrica, ajudando a identificar suas perdas.

Para Ribeiro *et al.* (2010), o OEE proporciona ganhos de qualidade e produtividade, pois auxilia a entender os processos e comportamentos na manufatura e definir a máxima eficácia alcançável. Oliveira e Helleno (2012) afirmam que os resultados obtidos a partir da implantação do OEE permitem atuar nas perdas de produção, possibilitando ganhos de produtividade e reduzindo investimentos com aquisições de equipamentos.

Monitoramento de processo consiste em coletar, acompanhar e analisar os dados apontados pela produção (Wicher *et al.*, 2012). O monitoramento da produção revela perdas escondidas nos processos (Reno *et al.*, 2010). Servin *et al.* (2007) afirmam que melhorias em processos e ganhos.

Para o controle do indicador de OEE os apontamentos necessários são: tempo de parada, quantidade produzida, refugos e retrabalhos (Proença e Tubino, 2010). Para o apontamento de OEE, Oliveira e Librantz (2012), propõe que as paradas sejam divididas em: programadas e não programadas.

Paradas produtivas programadas são interrupções estratégicas nas operações de uma empresa, indústria ou sistema com o objetivo de realizar manutenção, atualização, ajustes ou melhorias. Essas paradas são programadas com antecedência para minimizar o impacto na produção e garantir um tempo adequado para realizar as tarefas necessárias. São exemplos de paradas produtivas planejadas: **Manutenção preventiva** (paradas regulares para realizar manutenção em equipamentos e máquinas, envolvendo a inspeção, limpeza, lubrificação e reparo de componentes antes que ocorram falhas ou problemas mais graves); reconfiguração de linhas de produção ou *set up* (empresas que operam com linhas de produção podem planejar paradas para reconfigurar e otimizar o fluxo de trabalho, envolvendo ajustes nas etapas do processo, como mudanças de ferramentas e conjuntos em equipamentos); **inspeção e testes** (paradas produtivas planejadas para inspecionar e testar equipamentos/ peças produzidas, como um controle de qualidade); **treinamento e desenvolvimento** (Algumas empresas podem programar paradas produtivas para fornecer treinamento e desenvolvimento aos funcionários, como cursos, workshops ou atividades práticas para melhorar as habilidades e o conhecimento da equipe).

Esses são apenas alguns exemplos de paradas produtivas planejadas. O objetivo é garantir que as operações sejam interrompidas de forma controlada e estratégica, maximizando a eficiência, a segurança e a qualidade. As paradas planejadas ajudam a evitar falhas inesperadas, prolongar a vida útil dos equipamentos e melhorar o desempenho geral do sistema.

Já as paradas produtivas não programadas, também conhecidas como paradas não planejadas ou de emergências, referem-se a interrupções não previstas ou não desejadas nas operações de uma empresa, indústria ou sistema. Essas paradas ocorrem devido a problemas inesperados, como falhas de equipamentos, acidentes, falta de matéria-prima, condições climáticas adversas, entre outros eventos imprevistos.

Após o levantamento das informações necessárias (tempo de parada, quantidade produzida, refugos e retrabalhos) e da divisão das paradas em "programadas" e "não programadas", pode-se iniciar o cálculo do OEE.

A OEE se origina da comparação entre o tempo ao qual a máquina agrega valor ao produto e a soma total das perdas (Busso e Miyake, 2013). Segundo Oliveira e Sangineto (2010), o cálculo de OEE é realizado a partir de três parâmetros: disponibilidade, performance e qualidade.

A **disponibilidade** é determinada pela fração de tempo que o processo está disponível em relação ao tempo total. A **performance** é a fração entre a quantidade de peças produzidas e a quantidade teórica máxima que deveria ser produzida. A **qualidade** é a fração de itens produzidos dentro das especificações dividido pela quantidade total de itens produzidos (Chiaradia, 2004).

A Figura 3.10 organiza a OEE segundo seis tipos de perdas (Serra *et al.*, 2010).

Figura 3.10 – Tipos de Perdas do OEE

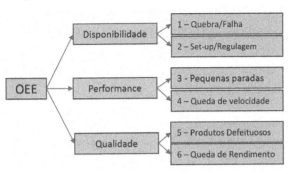

Fonte: Serra *et al.* (2010).

Como se observa na figura 3.10, no OEE são contabilizadas apenas as paradas não planejadas. As paradas planejadas são excluídas do cálculo, pois em resumo não estão vinculadas a eficiência.

A tipologia de perdas é definida por Serra *et al.* (2010) como:
- Perda por falhas: quando o equipamento está indisponível para produção;
- Perda por *set up*: período entre a última peça do lote anterior e a primeira peça aproveitável do próximo lote (considerando o tempo excedente do que está planejado inicialmente);
- Perda por pequenas paradas: quando o equipamento está indisponível por paradas rápidas durante a produção ou por ajustes de equipamento;
- Perda por velocidade: quando a produção não ocorre na máxima velocidade possível;
- Perda por produtos não conformes: tempo perdido por produção de itens que não estão de acordo com as especificações de qualidade;

– Perda por queda de rendimento: quando o equipamento necessita de um período de tempo para começar a operar em suas especificações.

O indicador de OEE é composto de três índices conforme exposto na Figura 3.11.

Figura 3.11 – Cálculo do OEE

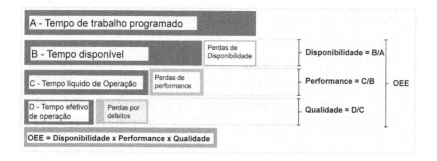

Fonte: Elaborado pelos autores (2024).

Figura 3.12 – Exemplo de OEE

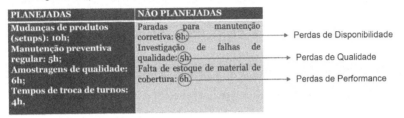

Fonte: Elaborado pelos autores (2024).

Os três índices fornecem uma visão da realidade de um equipamento, setor ou fábrica (Andrade, 2009). A análise das perdas é o próximo passo (Hansen, 2006). Por exemplo, na situação hipotética anterior, é possível verificar que os indicadores que mais afetam a eficiência global são os de disponibilidade e de qualidade, os quais deverão ter uma atuação mais aprofundada por parte da área de processos e gestão da produção.

Com relação a *Overall Labor Effectiveness* (OLE), cuja sigla em português significa Eficiência Global da Mão de Obra, é um KPI que ajuda a indústria a medir a eficiência no que tange a capacidade operacional dos colaboradores. Assim como a OEE, a OLE trabalha com três fatores importantes:

Disponibilidade: diz respeito a quanto tempo cada colaborador esteve disponível no trabalho desde a hora de chegada, atrasos, intervalos programados etc.

Desempenho: Mede o quanto o colaborador atuou acima ou abaixo da capacidade prevista no prazo estipulado, bem como os impactos dessas capacidades durante o dia de produção.

Qualidade: mede se a qualidade das peças produzidas por determinado colaborador podem realmente ser aproveitadas. Qual a quantidade de retrabalho?

Ao conseguir medir cada fator desses, o cálculo segue a mesma linha do OEE:

OLE= Disponibilidade x Performance x Qualidade.

Com estas informações, a organização consegue obter no longo prazo rankings de desempenho de cada operador, agindo diretamente na equipe que apresenta baixo desempenho, seja via treinamento ou aprimoramento das instruções de trabalho.

3.3 Planejamento e Controle da Qualidade

Atualmente a definição de qualidade extrapola a clássica definição de Juran, de que qualidade é a adaptação ao uso. Uma definição mais completa inclui a satisfação do cliente, eficiência na produção e competitividade no preço. Não é mais suficiente somente que o produto ou o serviço tenha as características para a qual foi concebido, mas que o negócio que o concebeu e forneceu tenha também seu lucro em sua atividade. É necessário que a empresa tenha sucesso como negócio, para que realmente incorpore qualidade em seu modo de operar.

Segundo a NBR ISSO 9000:2005 – Sistema de Gestão da Qualidade, qualidade é definida como o grau no qual um conjunto de características inerentes satisfaz a requisitos.

Entende-se por caraterísticas as propriedades diferenciadoras e requisitos da necessidade ou expectativa que é expressa, geralmente de forma implícita ou obrigatória.

Para uma completa definição de qualidade de determinado produto, é necessário identificar as necessidades e expectativas dos clientes. O produto ou o serviço tem de incorporar essas expectativas e necessidades, e ainda provar ser um produto sustentável economicamente para a empresa. As premissas da qualidade, mostradas na Figura 3.13, revelam que a qualidade extrapola aspectos intrínsecos do produto, iniciando no desenvolvimento inicial do produto, com vistas a ser economicamente vantajoso para a empresa e incluindo aspectos éticos entre todos os atores que participam de sua elaboração e uso.

Figura 3.13 – Premissas da qualidade

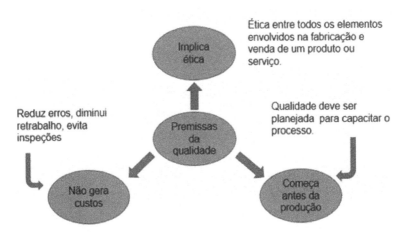

Fonte: elaborada pelos autores (2024).

Para David Garvin, considerado um dos gurus da qualidade, o planejamento estratégico da qualidade deve ter como objetivo conduzir as decisões da operação, em todos os seus níveis e de forma coerente, com o objetivo de levá-la a ser melhor do que sua concorrência naqueles aspectos da qualidade que o cliente considere importante. Para Garvin, a Qualidade de um produto ou serviço tem várias dimensões, que incluem:

1. Desempenho
Principais características operacionais do produto.

Ex.: água engarrafada: ser inodora, incolor e sem turbidez.

Ex.: garrafa térmica: conservação da temperatura do líquido.

2. Confiabilidade
Garantia de que não ocorram falhas.

Ex.: água engarrafada: falhas como contaminação ou impurezas.

Ex.: garrafa térmica: esquenta ou esfria indevidamente.

3. Durabilidade
Ciclo de vida útil do produto.

Ex.: água engarrafada: validade indicada na embalagem.

Ex.: garrafa térmica: resistência ao impacto.

4. Conformidade
Grau de adequação do produto aos padrões ou especificações do projeto.

Ex.: água engarrafada: critérios específicos para potabilidade como a porcentagem (%) de coliformes.

Ex.: garrafa térmica: tempo que mantém o líquido aquecido.

5. Estética

Imagem, aparência, goto, aroma forma e cores.

Ex.: água engarrafada: forma e design da garrafa.

Ex.: garrafa térmica: aparência externa, acabamento e cor.

6. Características secundárias

Características adicionais que complementam o produto.

Ex.: água engarrafada: tempo, volume, pH e temperatura da fonte.

Ex.: garrafa térmica: forma de manuscio, rosca da tampa.

7. Qualidade percebida

Reputação, nome, marca, publicidade e propaganda associados ao produto.

Ex.: água engarrafada: marca do fabricante.

Ex.: garrafa térmica: marca do fabricante.

8. Serviços agregados

Pronto atendimento, competência, cortesia.

Ex.: água engarrafada: entrega e cuidado no uso (limpeza do bocal).

Ex.: garrafa térmica: garantia e troca de ampolas e tampa.

Os requerimentos de qualidade podem ser funcionais, por exemplo, não atingir uma determinada função, como parar de funcionar ou funcionar mal, ou podem ser subjetivos, como aspectos mais estéticos que, se não afetam a funcionalidade do produto, afetam a percepção subjetivo de quem o utiliza. Para a determinação do que é percebido como qualidade de um produto, é importante estar a par da voz do consumidor (*voice of the customer*, ou CTQ), e transformar esses pontos identificados em Críticos para a Qualidade (*Critical to quality*, ou CTQ).

Para que se tenha um adequado monitoramento da qualidade de um produto em todas as suas dimensões, ou ao menos nas mais importantes, é necessário que elas consigam ser medidas, a fim de que possam ser monitoradas e melhoradas.

3.3.1 As Sete Ferramentas da Qualidade

Segundo Kaoru Ishikawa, que atuou como presidente da Sociedade Japonesa de Controle da Qualidade, há sete ferramentas básicas da qualidade que, quando utilizadas adequadamente, podem resolver cerca de 95% dos problemas relativos à qualidade de um produto. Essas sete ferramentas são explicadas a seguir.

1. Fluxograma de Processos

A compreensão das etapas de um processo é fundamental para qualquer tentativa de otimizá-lo. O fluxograma de processo tem a função de mostrar a sequência de operações que fazem parte da elaboração um produto ou serviço, desde a recepção de matérias primas ou informação, até a distribuição ou finalização do serviço. Uma utilização dessa ferramenta é demonstrar, de modo simples e direto, como ocorre o processo de modo a instruir e informar aqueles que não têm familiaridade com o mesmo quando em um grupo de trabalho. Em programas de integração de novos funcionários, o fluxograma de processo é útil para dar uma ideia do todo ao iniciante e para mostrar de que forma o setor em que ele for trabalhar se insere no processo da empresa.

A representação das diferentes atividades pode ser mostrada através de símbolos padrões como na Figura 3.14 a seguir.

Figura 3.14 – Representações típicas em um fluxograma de processo

Atividade

Inspeção

Adiamento

Armazenagem

Decisão

Início/Fim

Fluxo

Documento

Nome do banco de dados

Movimentação

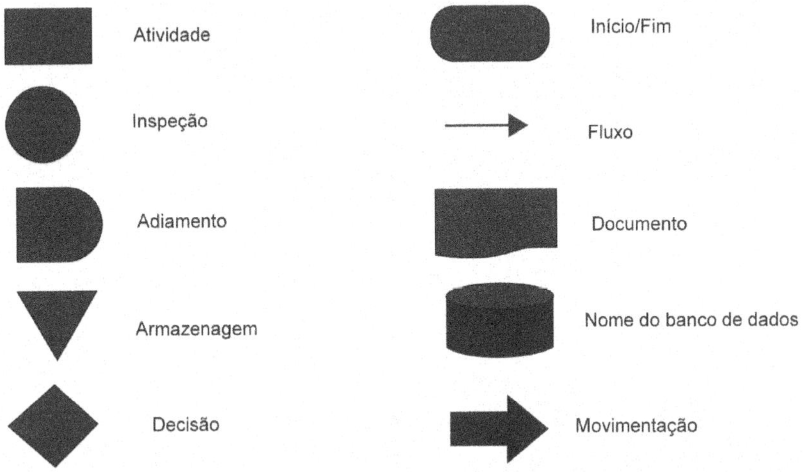

Fonte: elaborada pelos autores (2024).

O exame de cada etapa do processo explicitada no fluxograma esclarece relações de dependência entre as etapas e facilita a busca de prováveis causas para determinado problema. Um fluxograma de processo pode ser desde representações mais simples, em que somente as diversas etapas são mostradas, até fluxogramas mais completos, nos quais as variáveis de processo e capacidades de máquinas ou atendimentos são registradas.

2. Diagrama de Pareto

Adaptado por Juran a partir da ideia do economista Vilfredo Pareto. O objetivo é classificar em ordem decrescente os problemas que produzem os maiores efeitos e atacar esses problemas inicialmente. Ajuda na definição de prioridades. Considerando que, de modo geral, os recursos são escassos, eles devem ser aplicados onde os benefícios advindos da eliminação de problemas sejam de maior impacto. Na Figura 3.15 pode ser visualizado que as três principais causas de defeitos (dimensões incorretas, peças danificadas e problemas de máquinas) representam aproximadamente 60% de todos os problemas, o que justifica um plano de ação com maior foco neles, pois trarão um retorno mais significativo em termos de qualidade.

Figura 3.15 – Diagrama de Pareto

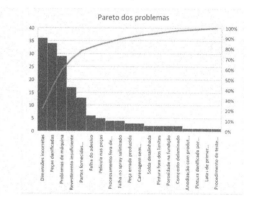

Fonte: elaborada pelos autores (2024).

3. Diagrama de causa e efeito (espinha de peixe)

Ferramenta simples e eficaz na condução de *brainstormings* e na promoção da participação das pessoas na análise de problemas. O objetivo desses diagramas é apoiar o processo de identificação das possíveis causas-raízes de um problema. Eles são normalmente utilizados após uma análise de Pareto. Na Figura 3.16 pode ser visto que causas principais ou primárias têm, por sua vez, causas secundárias que lhe dão origem. Se essas causas secundárias não forem consideradas no plano de ação, não se chegará à causa raiz do problema. Para atingir a causa raiz, é comum a utilização do método dos 5 por quês, no qual são feitas seguidas perguntas do por quê algum evento ocorrer até se chegar a uma causa que seja a inicial.

Figura 3.16 – Modelo de diagrama de causa e efeito

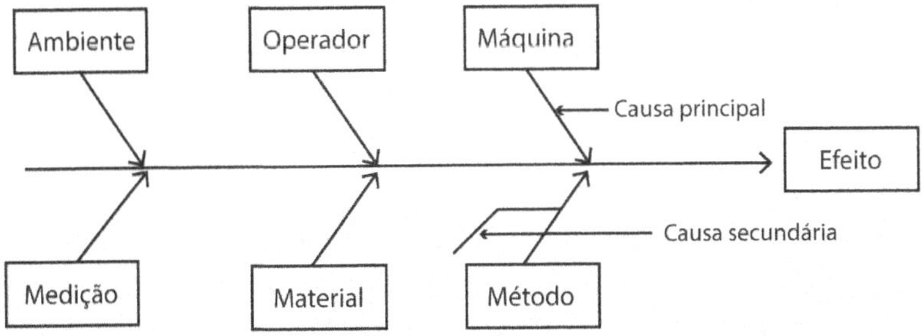

Fonte: elaborada pelos autores (2024).

Como construir um diagrama de causa e efeito:
1. Defina o problema ou efeito a ser analisado;
2. Forme a equipe para realizar a análise. Em geral, a equipe descobrirá causas potenciais em sessões *brainstorming*;
3. Desenhe a caixa de efeito e a linha central;
4. Especifique as principais categorias de causas potenciais e coloque-as em caixas, ligadas à linha central;
5. Identifique as causas possíveis e classifique-as nas categorias do passo 4. Crie novas categorias se necessário;

6. Ordene as causas para identificar aquelas que parecem mais prováveis de causar impacto sobre o problema;
7. Adote ações corretivas.

4. Diagrama de correlação ou de dispersão

Os diagramas de correlação são utilizados para explorar possíveis relações entre os problemas e o tempo (correlação temporal) ou entre os problemas e suas possíveis causas (correlação causal). Este diagrama é utilizado para a visualização do tipo de relacionamento existente entre duas variáveis. Pode ser uma relação positiva (diretamente proporcional), negativa (inversamente proporcional) ou inexistente.

A variável registrada no eixo horizontal X, também chamada de variável independente, deve ser aquela que por algum motivo, é considerada causa originadora da outra variável, também chamada de dependente, a qual será plotada no eixo vertical Y.

Após a construção do diagrama de dispersão, se uma relação linear se configura, estaremos interessados em conhecer a intensidade da relação linear entre essas variáveis em termos quantitativos. Para isso, o **coeficiente de correlação linear**, r, é usado.

A correlação pode ser mais fraca ou mais forte, dependendo da distância que os pontos estiverem da linha direcional. O valor de r varia dentro do intervalo $-1 <= r <= 1$. Valores próximos de 1 indicam uma forte correlação linear positiva entre X e Y, enquanto valores negativos demonstram uma correlação negativa. Quando $|r| = 1$, os pontos estão sobre uma linha reta. Valores de r próximos de 0 indicam uma fraca ou mesmo ausente correlação entre as variáveis analisadas. As Figuras 3.17, 3.18 e 3.19 mostram as possíveis correlações que duas variáveis podem ter.

PLANEJAMENTO E CONTROLE

Figura 3.17 – Correlação positiva

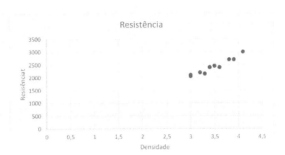

Fonte: elaborada pelos autores (2024).

Figura 3.18 – Correlação negativa

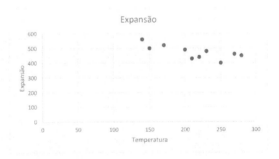

Fonte: elaborada pelos autores (2024).

Figura 3.19 – Ausência aparente de correlação

Idade	Desempenho
15	7,2
23	4,8
45	3,5
48	7,2
21	8,3
33	5,9
42	8,1
51	4,2
37	6,7
28	7,7

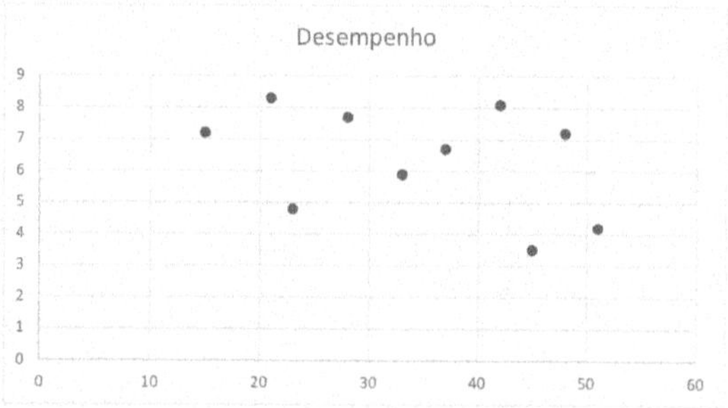

Fonte: elaborada pelos autores (2024).

A existência de pontos atípicos (*outliers*) pode ser decorrente de registro incorreto dos dados ou presença de algum defeito no instrumento de medição. Nesse caso, devem ser corrigidos ou eliminados. Por outro lado, os *outliers* também podem representar observações não usuais, mas perfeitamente plausíveis de ocorrerem na massa de dados. A identificação de *outliers* e a análise das causas que levaram ao seu aparecimento podem resultar em melhorias no processo ou em um novo conhecimento sobre a forma de atuação de fatores cujos efeitos na variável resposta Y ainda eram desconhecidos.

5. Histogramas

Um histograma é uma forma gráfica de apresentação de dados obtidos em uma observação de forma a simplificar a comparação de suas frequências de ocorrência. É conveniente usá-los quando dividimos o conjunto de dados coletados em intervalos, ou seja, na análise de distribuição de dados.

O histograma dispõe as informações de modo que seja possível a visualização da forma de distribuição de um conjunto de dados e, também, a percepção da localização do valor central e da dispersão dos dados em torno deste valor central. A organização do histograma permite comparar a distribuição de resultados com os limites de especificação estabelecidos.

Passos para a elaboração de um histograma:

- Ter todos os dados da característica da qualidade examinada em um quadro;

418	450	487	451	452	441	444	461	432	471
413	450	430	437	465	444	471	453	431	458
444	450	446	444	466	458	471	452	455	445
468	459	450	453	473	454	458	438	447	463
445	466	456	434	471	437	459	445	454	423
472	470	433	454	464	443	449	435	435	451
474	457	455	448	478	465	462	454	425	440
454	441	459	435	446	435	460	428	449	442
455	450	423	432	459	444	445	454	449	441
449	445	455	441	464	457	437	434	452	439

- Determinar o número de leituras e fazer a raiz quadrada deste número. O resultado será o número de intervalos de classes no eixo horizontal;
- Verificar o menor e o maior valor das leituras amostrais. Estes serão os limites inferior e superior do primeiro e do último intervalo de classe;
- Determinar os limites inferior e superior de cada intervalo de classe, tomando o cuidado para que fiquem com um mesmo intervalo;
- Contar quantas leituras amostrais há em cada intervalo de classe e alinhar a altura da coluna de cada intervalo com o eixo vertical de número de leituras.

Figura 3.20 – Histograma

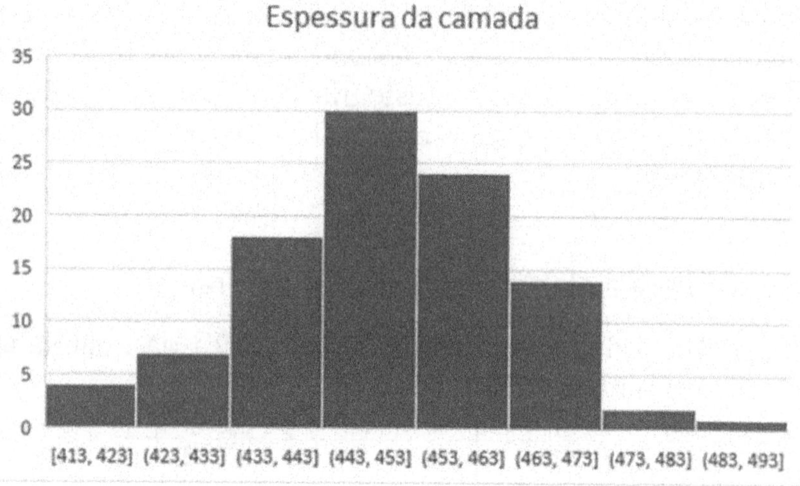

Espessura da camada

Fonte: elaborada pelos autores (2024).

O histograma é uma ferramenta que possibilita uma rápida visualização da dispersão das medidas de determinado parâmetro. Quanto mais próximas estiverem as colunas da Figura 3.20, menor será a dispersão dos resultados. O ideal é que o valor alvo do parâmetro medido (no caso, espessura da camada) esteja na coluna mais alta, ou seja, onde está concentrado o maior número de medidas. Outra informação fornecida pelo histograma é a quantidade de leituras que ultrapassam os limites de controle, além de mostrar se há uma concentração maior acima ou abaixo do valor alvo do parâmetro.

6. Cartas de controle

As cartas de controle são as principais ferramentas no controle estatístico de processo. O objetivo é garantir que o processo opere na sua melhor condição. Essas cartas apresentam a sequência de leituras de uma variável e sua comparação com o valor desejado e seus limites superior e inferior. Com isso, essa ferramenta permite a análise de variação à qual um processo está submetido.

A filosofia da carta de controle é passar da fase de detecção de problemas (inspeção) para a fase de prevenção através de um sistema de informações que nos avisa quando algo diferente do rotineiro está ocorrendo. A carta de controle tem por objetivo conhecer o processo, monitorando a estabilidade e acompanhando seus parâmetros ao longo do tempo. Como resultado, deseja-se a redução sistemática da variabilidade nas características de qualidade do produto/processo.

As cartas de controle foram desenvolvidas por Walter Shewhart na década de 1920, quando trabalhava na Bell Industries. As cartas de controle ajudam a mostrar se um processo está sob controle estatístico ou não. Segundo Shewhart, a definição de controle estatístico, ou que o processo esteja sob controle estatístico é:

1. um fenômeno estará sob controle quando através do uso de experiência passada, nós podemos predizer ao menos dentro de limites, como podemos esperar que o fenômeno se comporte no futuro.

2. A essência do controle estatístico é predicabilidade. Um processo é previsível quando está em um estado de controle estatístico, e é imprevisível quando não está nesse estado.

A carta de controle detecta e ajuda a classificar a variação, mas ele não mostra a razão. Através das cartas de controle, pode-se identificar dois tipos de variações:

Variações controladas (causa comum): são caracterizadas por um padrão estável e consistente ao longo do tempo.

São causadas por causas comuns. O padrão de comportamento é aleatório.

Variações não controladas (causa especial): são caracterizadas por um padrão de variação que se altera ao longo do tempo. Exigem pronta ação, pois extrapolam os limites toleráveis. O padrão de comportamento é não aleatório.

Um **processo consistente** é um processo com variação controlada. Presença somente de causas comuns. Este processo está sob controle estatístico e podem ser feitas previsões de futuros valores. A Figura 3.21 exemplifica uma carta de controle cujos valores estão dentro dos limites de controle (superior, LSC, e inferior, LIC) e que não apresenta causas especiais, apenas variações controladas. Esse é um exemplo de um processo estatisticamente sob controle.

Figura 3.21 – Carta de Controle de médias

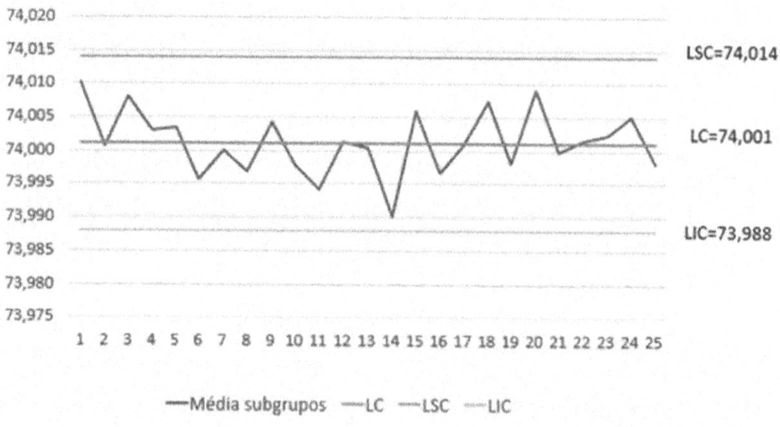

Fonte: elaborada pelos autores (2024).

Um **processo inconsistente** é aquele alvo de variações imprevisíveis e não controladas. Há a presença de causas especiais. Com isso, ele não está estatisticamente sob controle e fica muito difícil fazer previsões. Quando o processo é consistente, as alterações para eliminar as variações são muito caras, podendo ser necessário modificar o próprio processo em seu modo de operação ou novos equipamentos. No caso de variações não controladas, o que caracteriza um processo estatisticamente fora de controle, as causas devem ser identificadas.

Um processo inconsistente, ou com a presença de causas especiais não necessariamente deve apresentar pontos fora dos limites de controle. Ele pode ser classificado como tal se apresentar tendências de seis ou mais leituras em sequência ascendente ou descendente.

7. Folhas de verificação

Folha de verificação é um nome abrangente utilizado para documentos com diferentes finalidades. Em uma de suas utilizações, as folhas de verificação devem conter, de forma simples, objetiva e clara, o procedimento correto a ser seguido e as verificações que deverão ser feitas no processo para evitar a reocorrência dos problemas. Para essa utilização, podem ser incluídas em procedimentos operacionais ou instruções de trabalho. Em suas outras utilizações, pode ser uma planilha preparada para coletar dados relativos à não-conformidade de um produto ou serviços, e também como *check-list* de verificação antes do início de processos.

3.3.2 PDCA

É um ciclo de melhoria baseado no método científico de se propor uma mudança em um processo, desenvolvido por William Deming. O ciclo PDCA segue quatro estágios:

Planejar (Plan): determinar os objetivos para um processo e as mudanças necessárias para alcançá-los. Devem ser determinadas as métricas que avaliarão a melhoria do processo.

Fazer (do): Implementação do plano de mudanças.

Verificar (check): Com base nos resultados obtidos, o plano deve ser avaliado em seus resultados.

Atuar (act): Caso os resultados sejam satisfatórios em relação aos objetivos estabelecidos, o plano é implementado e passa a fazer parte dos processos normais. Reinicia-se o ciclo a partir dos melhoramentos feitos. Caso os resultados não sejam satisfatórios, o plano original deve revisto. A Figura 3.22 apresenta o PDCA em sua esquematização típica.

Figura 3.22 – Ciclo PDCA

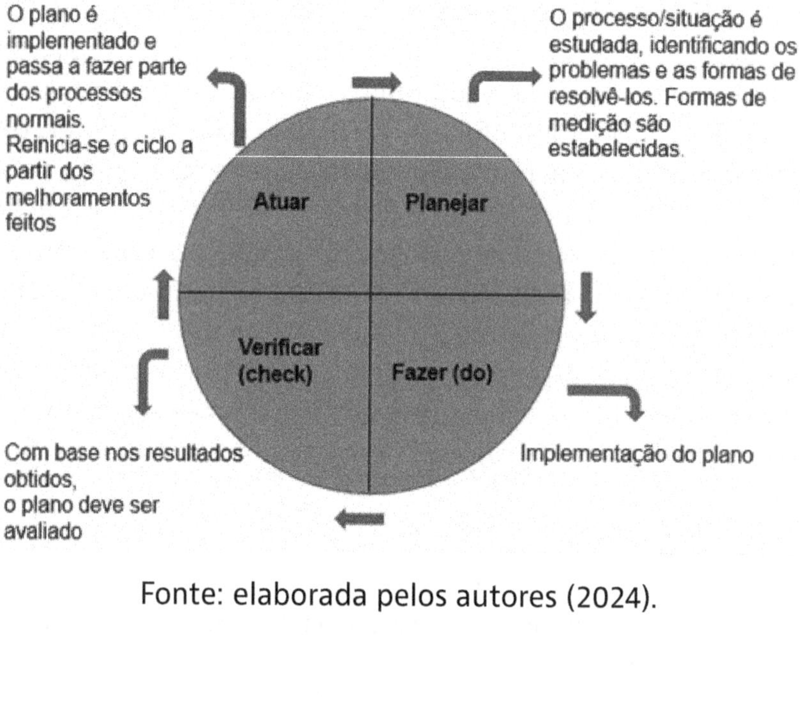

O plano é implementado e passa a fazer parte dos processos normais. Reinicia-se o ciclo a partir dos melhoramentos feitos

O processo/situação é estudada, identificando os problemas e as formas de resolvê-los. Formas de medição são estabelecidas.

Atuar

Planejar

Verificar (check)

Fazer (do)

Com base nos resultados obtidos, o plano deve ser avaliado

Implementação do plano

Fonte: elaborada pelos autores (2024).

O ciclo PDCA não pressupõe isolamentos entre uma etapa e outra; ao contrário, elas constantemente se intercomunicam e se retroalimentam. Sempre que uma melhoria é assumida como padrão, ela se torna um novo patamar de qualidade, que poderá ser novamente melhorado e gerar um novo patamar, e assim sucessivamente, na busca contínua da perfeição do processo. O SDCA também é um método em quatro etapas para controlar e manter as melhorias obtidas com o PDCA, significando:

S - Standardize (padronizar)
D - Do (executar)
C - Check (verificar)
A - Act (agir)

Uma combinação do PDCA e do SDCA pode ser vista na Figura 3.23. Enquanto o PDCA significa passar de um patamar inferior para outro superior, o SDCA consolida esse novo patamar através de procedimentos operacionais, padronização e treinamento.

Figura 3.23 – Ciclo PDCA

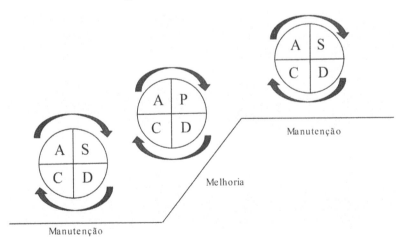

Fonte: Labone Consultoria (2022).

3.3.3 FMEA

FMEA é o acrônimo para *Failure Mode and Effect Analysis*, e consiste em uma ferramenta utilizada no desenvolvimento de produtos e processos com a finalidade de identificar possíveis falhas e desenvolver ações de minimização ou eliminação das mesmas (Carpinetti, 2012). Essa ferramenta foi desenvolvida nos anos 1950 para analisar falhas nos sistemas militares. Como sua utilização pode ser tanto em produtos quanto em processos de fabricação, costuma-se diferencial o DFMEA (para falhas em componentes de um produto) do PFMEA (para etapas de um processo) (Albertin; Guertzenstein, 2018).

A parte mais conhecida do FMEA, cujos passos são apresentados mais adiante, integra a primeira etapa de toda a aplicação da ferramenta de acordo com a Figura 3.24. Após essa etapa, deve ser elaborado o plano de ação e verificado o seu resultado.

Figura 3.24 – Etapas na implementação do FMEA

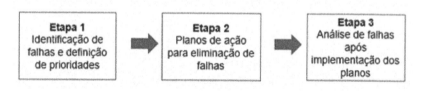

Fonte: Carpinetti (2010).

A etapa 1 da metodologia de aplicação do FMEA consiste nos seguintes passos:

1) Seleção da equipe que participará do FMEA. A equipe deve ter representantes de diferentes áreas para que os riscos de diferentes tipos que serão avaliados sejam devida-

mente identificados. É muito importante que a equipe seja composta por pessoas com alto conhecimento técnico em suas áreas, pois riscos não identificados são riscos que podem concretizar-se por não terem sido tomadas as devidas medidas de prevenção.

2) Segmentação do produto ou do processo em partes ou etapas, para que cada uma seja analisada individualmente. A divisão do produto ou processo em diferentes partes ou etapas possibilita a melhor identificação das possíveis falhas e seus efeitos.

3) Identificar a função desta parte ou etapa. Deve ser descrito o que essa parte do produto ou do processo realiza, inclusive com especificações técnicas. Por exemplo, na esterilização de alimentos, a temperatura de operação, ou no caso de pontes rolantes, sua capacidade de elevação.

4) Identificação dos modos de falha potencial para cada uma das partes ou etapas selecionadas. Falha é a falta de capacidade funcional de um componente em realizar sua função quando requerida. Nesta etapa são identificados os possíveis modos de falha que podem ocorrer, ou seja, a temperatura anteriormente citada não ser atingida.

5) Efeito potencial de falha. Deve ser descrito o efeito que o modo de falha anterior irá resultar. O efeito pode ser um defeito no produto, caso seja um produto o objeto do FMEA, ou à não conformidade que o processo gera, caso seja um processo o objeto do FMEA. No caso anterior, se a temperatura de esterilização não for alcançada, o produto não será devidamente esterilizado.

6) Campo severidade/gravidade. Após a caracterização do efeito da falha, deve ser avaliada a severidade ou gravidade disso para o cliente, caso ocorra. A severidade deve ser traduzida através de uma escala de 1 a 10, sendo mais próximas de 10 as mais graves. Normalmente são mais graves os efeitos que resultem em acidentes graves, contami-

GESTÃO ESTRATÉGICA DE OPERAÇÕES

nações, ou em graves consequências para outras etapas do processo.

7) Campo causa potencial da falha. Nesse campo devem ser enumeradas as possíveis causas para ocorrência de cada modo de falha. Um modo de falha pode ter mais de uma causa. Observe-se que a causa da falha em um produto pode ser uma falha no processo de fabricação desse produto (Carpinetti, 2010).

8) Campo ocorrência. Após a identificação das possíveis causas, deve-se avaliar qual a chance de essas causas levarem à ocorrência da falha (Carpinetti, 2010). Essa ocorrência também deve ser quantificada em uma escala de 1 a 10, sendo mais próximo de 10 quanto maior for a possibilidade dessa falha ocorrer ou pelo histórico de já ter ocorrido.

9) Campo controles atuais. Nesse campo, para cada uma das causas potenciais identificadas no item 7 devem ser relacionados os mecanismos de controle existentes para potencialmente evitá-las. Os mecanismos de controle podem ser do tipo a prevenir que a causa e o efeito da falha ocorram ou, uma vez que a falha tenha seu efeito, que seja detectada imediatamente, impedindo suas consequências. No primeiro caso, um exemplo pode ser a utilização de poka-yoke (dispositivos que evitam ações ou operações erradas). No segundo caso, são exemplos as inspeções e testes de produto antes de sua liberação.

10) Campo detecção. Nesse campo deve ser avaliado em termos de uma nota de 1 a 10 a capacidade dos controles atuais, referidos no item anterior, em serem efetivos para cada uma das causas potenciais do modo de falha. Nesse caso, quanto maior a chance de detecção, menor será a nota (mais próximo de 1).

11) Campo do número de prioridade do risco (NPR). Nesse campo consta o valor da multiplicação dos valores dos campos severidade/gravidade, ocorrência e detecção.

Por exemplo, caso os valores desses três campos tenham sido 7, 6 e 5, o NPR será 210. Cada uma das causas potenciais das falhas terá um NPR, o que indicará aos membros da equipe qual o modo de falha e sua causa principal que devem ser prioridade (maior NPR).

O passo 11 e os anteriores podem ser mais bem entendidos, segundo a Figura 3.25.

Figura 3.25 – Obtenção do NPR

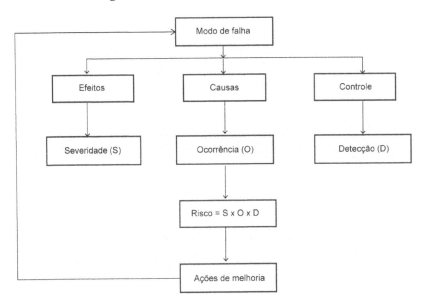

Fonte: Adaptado de Carpinetti (2010).

Esses passos compõem a primeira e principal parte do FMEA, mas não o seu todo. Como em qualquer programa de qualidade, uma vez identificadas as principais fragilidades do sistema, deve ser estabelecido um plano de ação, com responsáveis e prazo de execução, seguidos de uma nova rodada de análise de falhas, de acordo com a Figura 3.26.

GESTÃO ESTRATÉGICA DE OPERAÇÕES

Figura 3.26 – Quadro final da etapa 1para cada item

Item	Função ou requisito do pro-cesso	Modo de falha potencial	Efeito potencial da falha	S/G	Causa ou mecanismo potencial da Falha	O	NPR	Ações recomen-dadas	Respon-sável e prazo	Resultado das ações				
										Ações tomadas	Índices revistos			
											S/G	O	D	NPR

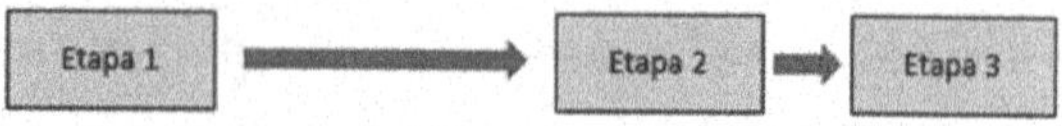

Etapa 1 ➡ Etapa 2 ➡ Etapa 3

Fonte: Elaborada pelos autores (2024).

O FMEA é uma ferramenta comumente usada em processos e produtos com um alto nível de exigência de qualidade por parte dos clientes, ou então em processos em que falhas em determinado ponto acarretam consequências indesejáveis em outros. No entanto, é um método que, para surtir todos seus benefícios, deve ser criterioso em seu detalhamento, o que muitas vezes afasta seus potenciais proponentes.

3.3.4 Kaizen

A palavra japonesa *kaizen* significa melhoramento, melhoramento contínuo envolvendo todos na organização, de gestores a trabalhadores de linha de frente (Ortiz, 2010). Não pode ser definido como uma ferramenta, mas como uma filosofia de qualidade, fazendo parte da produção enxuta. Existem dois tipos de *kaizen*: o *kaizen* de sistema, que considera o fluxo de valor como um todo, e o *kaizen* de processo, que foca processos individuais e mais pontuais. O primeiro *kaizen* é conduzido por gerentes e diretores, enquanto que o segundo kaizen é conduzido por equipes multidisciplinares e com bastante presença de colaboradores do nível de produção.

O princípio do kaizen é que a melhoria em um ambiente de trabalho, tanto em termos de qualidade quanto de produtividade e segurança, não necessariamente depende exclusivamente da aquisição de novos e dispendiosos equipamentos. Às vezes, melhorar um processo não significa mudá-lo completamente, mas reduzir o desperdício de recursos materiais e humanos, localizar falhas e causas de variabilidade do processo e de geração de defeitos.

A ideia não é revolucionar os processos e produtos, dando saltos qualitativos gigantescos, mas construir a qualidade passo a passo, de forma segura e inexorável, a partir de modificações constantes e contínuas.

Os princípios da metodologia *kaizen* são:

- Objetivos claros;
- Trabalho em equipe;
- Foco cerrado no tempo;
- Rápido e simples;
- Recursos necessários disponíveis de imediato;
- Resultados imediatos (novo processo funcional ao final da semana);
- Criatividade antes de gastar dinheiro;
- Predisposição para a ação ("mão na massa").

Outro aspecto importante a ser considerado é que a aplicação da filosofia *kaizen* também reduz problemas, pois as melhorias constantes tenderão a versar primeiramente sobre aspectos do processo que perceptivelmente estão sujeitos a problemas. Por esse motivo, o *kaizen* pode ser visto como uma forma de reduzir custos. Geralmente, ao se reduzirem os problemas são reduzidos os reduzidos os desperdícios e os retrabalhos, o que impacta os custos de forma direta e positiva (Academia Pearson, 2010).

O *kaizen* pode ser rápido, de duração de um dia, ou mais longo, podendo durar até uma semana, conforme Figura 3.27.

Figura 3.27 – Exemplo de evento *kaizen* em cinco dias

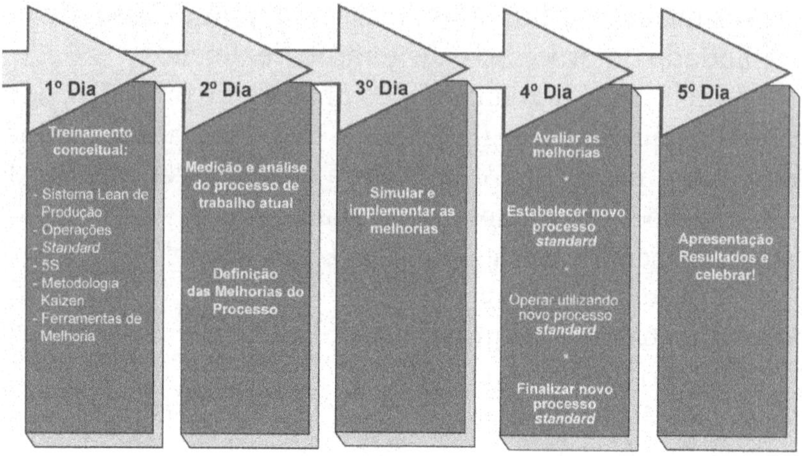

Fonte: elaborado pelos autores (2024).

Seja qual for a duração, o importante é o foco da equipe que estará fazendo parte do *kaizen*. Nos *kaizens* mais longos, é comum utilizar uma equipe multidisciplinar para que o objeto do kaizen seja abordado por vários ângulos. Pessoas de áreas diferentes podem quebrar alguns paradigmas estabelecidos na área onde está se realizando o *kaizen*. O *kaizen* mais curto é mais focado em um problema específico e agrupa os operadores e outros que estejam mais relacionados à área.

Algumas empresas têm um sistema estruturado para ideias motivadoras de eventos *kaizens*, muitas vezes vindo de hierarquias superiores, enquanto outras podem funcionar com sugestões de funcionários. O importante é que todos se sintam incomodados quando percebem que algo está criando perdas ou desperdícios. Todos também devem se sentir encorajados a propor *kaizens* para algo que poderia ser mais bem feito, trazendo mais benefícios, produtividade ou qualidade. A ideia é que o que estamos fazendo possa ser melhorado continuamente.

Por fim, é importante que, após o *kaizen*, exista um monitoramento para que a situação objeto mantenha sua nova performance, não retornando ao nível anterior ao *kaizen*.

3.3.5 Seis Sigma

O Seis Sigma é um sistema de gestão para alcançar sustentabilidade e maximização de sucesso nos negócios. O Seis Sigma busca alcançar isso por um cuidadoso entendimento das necessidades dos clientes e pela utilização de métodos e análises estatísticos a fim de suprir essas necessidades e alcançar a excelência nos negócios. A excelência nos negócios é atingida por redução de custos, aumento da produtividade, crescimento do *market share*, aumento da qualidade e redução de *lead time*.

A origem do Seis Sigma remonta à década de 1980, na Motorola, com Bob Galvin como CEO da empresa à época. Ele iniciou um amplo programa de qualidade que veio a ser chamado de Seis Sigma e que culminou com o prêmio *Malcolm Baldridge National Quality Award* em 1988. A partir da década de 1990, muitas empresas em todo o mundo passaram a adotar esse programa, cujo objetivo é ajudar as empresas em melhorar sua rentabilidade focando na eficiência e no que agrega valor ao consumidor. Dentro dessa definição abrangente estão a prevenção de defeitos, a redução do tempo de ciclo, a redução de custos e a eliminação daquilo que não agrega valor ao cliente. Uma boa definição para Seis Sigma é a aplicação do método científico para o projeto e operação de sistemas gerenciais e processos de negócios que capacitem a empresa a entregar o maior valor aos clientes e aos proprietários (Pyzdek; Keller, 2018).

Seis Sigma, ou 6σ, é tanto uma metodologia para melhoria de processos quanto um conceito estatístico que procura definir a variação inerente a um processo. A letra grega σ (sigma) representa o desvio padrão de uma população. Quanto maior for o desvio padrão, significa que os dados dessa população em relação a uma determinada medida (por exemplo, idade, altura, peso das pessoas) estão mais dispersos em relação à média dessa população. Como a variabilidade dos parâmetros de um processo, seja de manufatura, seja de serviços, pode resultar em qualidade fora do padrão, é desejável que esse processo tenha uma menor variabilidade, ou, um σ (desvio padrão) menor. O número seis à frente do σ significa que o desvio padrão desse processo é tão pequeno que mesmo sendo multiplicado por seis, ela ainda estará dentro dos limites especificados para esse parâmetro, de acordo com a Figura 3.28.

Figura 3.28 – Processo seis sigma

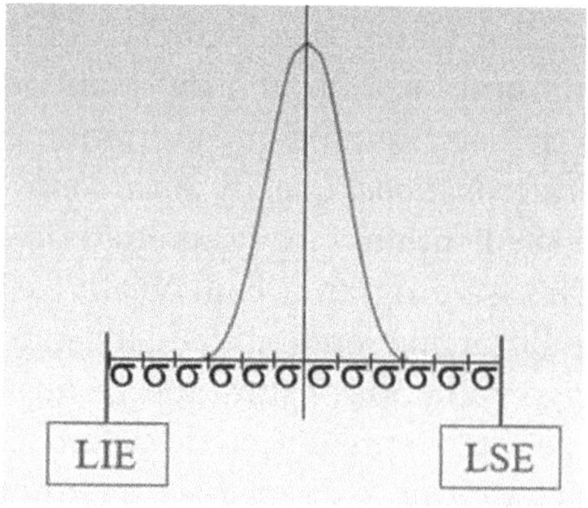

Fonte: elaborado pelos autores (2024).

Como pode ser visto na curva normal, a operação apresenta variabilidade no seu processo em relação a esse parâmetro que está sendo medido, mas essa variabilidade é tão pequena que mesmo em seus resultados mais afastados da média, ainda está a três desvios padrão dos limites de especificação. As empresas normalmente operam a níveis de três ou quatro sigma. Embora aparentemente isso represente pouca diferença na operação de um processo, A Tabela 3.1 mostra a superioridade de uma operação seis sigma em termos de produtos dentro da especificação:

Tabela 3.1 – Diferença de defeituosos em relação ao nível sigma

Limites especificação	Percentagem dentro da especif.	ppm defeituosos
+/- 1 sigma	68,27	317.300
+/- 2 sigma	95,45	45.500
+/- 3 sigma	99,73	2.700
+/- 4 sigma	99,9937	63
+/- 5 sigma	99,999943	0,057
+/- 6 sigma	99,9999998	0,002

Fonte: Montgomery (2016).

Essa compreensão do aspecto estatístico do Seis Sigma faz parte de algo mais amplo que busca gerar valor para o cliente e para a empresa. Para isso, é vital que seja compreendido o que se costuma chamar crítico para o cliente (*critical to client* – CTC), ou seja, aquilo para o que o cliente dá importância. É comum que as empresas não tenham uma visão tão clara disso quanto parece, principalmente aquelas que não estão próximas de seu cliente. Não é preciso salientar, no entanto, a importância dessa correta compreensão para que os esforços sejam dirigidos na direção desses aspectos mais importantes, e não de outros. Quando o cliente for interno, como outra etapa de produção subsequente, os aspectos numéricos dos parâmetros mais importantes são mais fáceis de definir. No entanto, os CTCs muitas vezes não são definidos por parte do cliente em aspectos numéricos, mas por sensações, como um sapato macio, uma roupa confortável, ou mesmo um atendimento mais personalizado. Nesses casos é necessário fazer a transformação do CTC para o crítico para a qualidade (*critical to quality* – CTQ). Essa transformação busca traduzir para uma noção quantitativa, ou que pode ser medido, aqueles aspectos que a empresa deve observar por serem os mais vitais na percepção de qualidade do cliente.

Uma vez definido os CTQs a partir de CTCs, a relação que reside no âmago de todo projeto Seis Sigma é:

$$Y = f(X)$$

Essa simples representação de uma função tem um grande significado. O Y representa a variável dependente relacionada a determinado CTQ e CTC. O X é a variável independente que atua sobre o Y. Ou seja, as alterações de X resultam em diferentes Ys. Dito de um modo objetivo, um projeto Seis Sigma procura identificar as características críticas para os clientes, transformando isso nos Ys e, em um segundo momento, encontrar as variáveis Xs que determinam os Ys. A Figura 3.29 simplifica a explicação anterior.

Figura 3.29 – Fluxo de dependência das variáveis para os CTQs

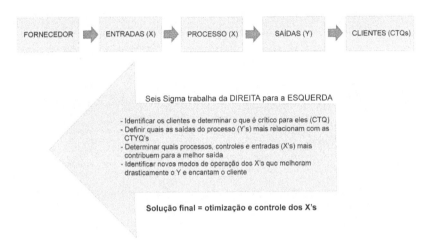

Fonte: elaborado pelos autores (2024).

Uma empresa que adote o Seis Sigma opera com os chamados projetos Seis Sigma liderados por participantes treinados na metodologia DMAIC, que utiliza uma sequência de 5 etapas para atingir determinado objetivo. O nível de treinamento e de experiência em projetos desse estilo classifica esses profissionais nos chamados *belts*, ou cintos, com diferentes cores. Desses diferentes níveis derivam diferentes ações e responsabilidades, de acordo com a Figura 3.30.

Figura 3.30 – Níveis dos cinturões (*belts*) e sua disponibilidade para os projetos

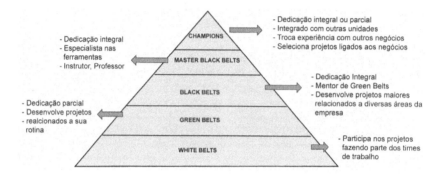

Fonte: elaborado pelos autores (2024).

Todo projeto Seis Sigma deve seguir a metodologia DMAIC ou DMADV, dependendo se é a alteração de um processo ou produto existente (DMAIC), ou se é algo novo, como o desenvolvimento de um novo produto ou serviço (DMADV). Esses acrônimos significam *Define* (definir), *Measure* (medir), *Analyze* (analisar), *Improve* (melhorar), *Control* (controlar), no caso do DMAIC, e *Define, Measure, Analyze, Design* (Projetar) e *Verify* (verificar), no caso do DMADV. As três etapas iniciais são as mesmas para as duas situações (D. M. A.), mas enquanto a melhoria de situações existentes leva às letras I (*Improve*) e C (*Check*), para novos produtos e serviços as etapas correspondestes são D (*Design*) e V (*Verify*). Isso está representado na Figura 3.31.

Figura 3.31 – DMAIC

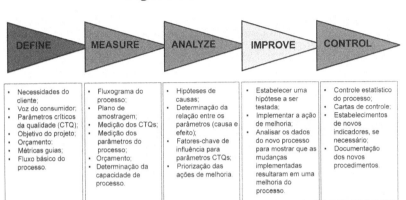

Fonte: elaborado pelos autores (2024).

Na etapa **Definir** (*Define*) o objeto do projeto Seis Sigma deve ser definido com clareza. O fundamental nessa etapa é saber o que pode ser melhorado, aonde se quer chegar e quais os resultados esperados. Se esta etapa não tiver bem claro o benefício que trará para o cliente ou empresa, todos os esforços subsequentes serão no final, improdutivos. Para isso, o documento mais importante a ser elaborado é o Project Charter, ou carta do projeto. Nesse documento deve constar o nome do projeto, sua breve descrição com seu escopo e objetivos, o cronograma, a métrica que será utilizada para medir os resultados, o patrocinador do projeto (*Project sponsor*), o nome dos membros da equipe, e o coordenador do projeto, que na maior parte das vezes é um *black belt*, embora nos projetos mais simples possa ser um *green belt*.

A carta do projeto é como um contrato de concordância dos termos do projeto, principalmente com o que é esperado como resultado. Para bem classificar o projeto como um Seis Sigma, além da metodologia DMAIC/DMADV, o resultado deve estar alinhado com a voz do cliente (ou consumidor, VOC), ou seja, deve deixar bem claro o valor que será agregado. Embora isso possa parecer de fácil entendimento, não necessariamente é de fácil execução, pois é normal os projetos apresentarem um viés que, no final, acabam atingindo um resultado que não traz o benefício esperado por não ter focado com exatidão naquilo que realmente agrega valor.

Nesta etapa, outra preocupação é definir corretamente o escopo, ou limites do projeto. Um projeto sem os limites claramente definidos acaba tornando-se infrutífero devido a uma excessiva abrangência, desviando os esforços do que realmente agrega valor. Uma ferramenta que pode ser utilizado é o SIPOC, acrônimo de *Supplier* (fornecedor), *Inputs* (entradas), *Process* (processo), *Outputs* (saídas), *Customers* (clientes). Um exemplo da utilização do SIPOC para uma etapa de produtos farmacêuticos em frascos, mais especificamente a etapa de rotulagem, é apresentada no Quadro 3.1.

Quadro 3.1 – Exemplo de SIPOC

Suppliers	Inputs	Process		Outputs	Customers
Enchedora dos frascos	Frascos cheios	Escolha do frasco		Frascos rotulados	Encaixotadora dos frascos
Máquina de rótulos	Rótulos	Impressão do rótulo			
Fornecedor de rótulos e tinta de impressão	Tinta de impressão	Fixação do rótulo			
Software com os dados	Dados para os rótulos				

Fonte: elaborado pelos autores (2024).

Na etapa **Medir** (*Measure*) o processo deve ser entendido em seu estado atual no que se refere a seus parâmetros de operação e comparado com as necessidades do cliente. No final dessa etapa, deve-se ter uma base de avaliação do desempenho e da capacidade do processo. Para evitar que dados desnecessários sejam coletados, o SIPOC anteriormente feito serve para delimitar a etapa do processo que interessa ao projeto Seis Sigma. As variáveis do processo devem ser conhecidas e medidas, os custos de operação devem ser conhecidos, assim como os tempos de operação. Ou seja, deve-se medir o que o processo apresenta e, se não houver medida em algum ponto que a equipe cogite como necessário, deve haver a definição de uma métrica. É de fundamental importância que as métricas utilizadas e os sistemas de medição sejam confiáveis, pois, do contrário, os resultados da próxima fase (Analisar) não corresponderão à realidade.

O entendimento do fluxograma de processo é útil nessa etapa, principalmente quanto à identificação das variáveis de operação, sendo estas entendidas como aquilo que pode ser medido. Novamente, o SIPOC pode ser uma boa ferramenta inicial, pois ali estão mostradas as principais etapas do processo. Um nível de detalhamento maior do que o SIPOC inicial, no entanto, é claramente necessário. Como o Seis Sigma busca entender as variáveis dependentes (Ys) para o que é considerado CTQ (*critical to quality*), se algum parâmetro de operação não for considerado e, por acaso, ele tiver uma influência nas variáveis dependentes, o resultado final do projeto será prejudicado.

Na etapa **Analisar** (*Analyze*) a equipe procura identificar as causas raízes para determinada oportunidade estabelecida na etapa Definir. Para isso são examinadas as possíveis relações entre as variáveis dependentes (Ys) ligadas aos critérios críticos para a qualidade (CTQ) e as variáveis independentes (Xs). O objetivo é identificar os Xs críticos que, uma vez modificados, têm a capacidade de modificar as variáveis de saída (ou dependentes) Ys. Algumas ferramentas utilizadas nessa etapa são o diagrama de causa e efeito (*Ishikawa*), diagramas de Pareto, *boxplots*, testes de hipóteses e análise de correlação e regressão. O projeto de experimentos é outra técnica utilizada nessa etapa, pois identifica na prática não somente a relação entre as variáveis quanto a sua magnitude.

Algumas dessas ferramentas já foram vistas na seção 3.3.1(diagrama de causa e efeito, diagrama de Pareto, *boxplot* e diagrama de correlação). O diagrama de causa e efeito busca identificar as possíveis causas para um determinado problema ou efeito. A identificação das causas principais ajuda o grupo a focar naquilo que tem envolvimento com o efeito, evitando desviar as ações e esforços para causas inócuas. O diagrama de Pareto hierarquiza as causas principais para determinado efeito de modo a concentrar a atenção para o que é mais importante. O *boxplot* é um recurso visual para analisar a dispersão de resultados em torno de uma mediana. O teste de hipóteses busca a validação ou não de afirmações ou conjeturas sobre um parâmetro de uma população. Análise de correlação mede a força de associação entre duas variáveis quantitativas. A análise de regressão resulta em uma equação que pode ser usada para prever a resposta para diferentes níveis de entrada (Xs) de um processo.

O projeto de experimentos é uma técnica que modifica variáveis independentes (uma ou mais de uma vez) e mede os efeitos nas variáveis dependentes. O processo é demorado e documentado, pois deve seguir uma rígida sistematização, muitas vezes longa, pois alguns processos necessitam de tempo para atingir o estado estacionário logo que ocorre a modificação de um parâmetro. Uma vez determinadas estas relações, é possível implementar as modificações necessárias nas variáveis de entrada (ou independentes) Xs de modo a atingir o desejado nas variáveis Ys.

Uma vez determinadas as relações de causa e efeito das variáveis identificadas na etapa anterior, na etapa **Implementar** (*Improve*) são desenvolvidas e colocadas em prática as soluções para o processo ou para o novo produto. No caso de novos projetos, a etapa ***Design*** a equipe desenvolve um novo processo ou um novo produto com o objetivo de suprir a necessidade do cliente. Ferramentas de simulação podem ser usadas para prever comportamentos. O processo com os novos parâmetros (no caso de DMAIC) ou o novo projeto (no caso do DMADV) devem ser avaliados quanto aos riscos e modos de falha potenciais. O FMEA (*Failure Modes and Effect Analysis*) pode ser aplicado nessa fase (ver seção 3.3.3). Nessa etapa é recomendável que as soluções testadas sejam feitas em uma dimensão piloto para que os riscos inerentes a toda modificação e ajustes necessários não repercutam em um âmbito maior. Como esta etapa implementa soluções, o ciclo PDCA (seção 3.3.2) pode ser seguido. Os resultados obtidos no *check* (verificar) do PDCA devem ser comparados com o que existia antes e como que havia sido definido como objetivo na carta do projeto (*Project charter*) (George *et al.*, 2006).

Deve ser ressaltada a importância de manter uma documentação tanto do processo anterior (que já deve ter sido cuidadosamente registrada devido à etapa Analisar) com a nova situação para que todas as comparações de rendimento, eficiência, produtividade, custos etc. possam ser feitas com vistas à aprovação ou não da solução. Se qualquer mudança for necessária em relação ao anteriormente determinado, uma nova proposta deve ser avaliada e implementada (agir, ou *act* do PDCA).

Controlar (*Control*) é a última etapa para uma equipe em um projeto Seis Sigma. Nesta etapa deve ser garantido que os ganhos obtidos na etapa **Implementar** sejam mantidos. Para isso deve ser providenciada uma documentação de procedimentos padrão, treinamento de funcionários e monitoramento de processo através de cartas de controle e indicadores que se julguem necessários para o acompanhamento do processo. No caso do DMADV, esta etapa é chamada de **Verificar** (*Verify*) e consiste em verificar se o que foi desenvolvido atende às necessidades originais identificadas na etapa Define. O novo processo, como uma nova maneira de prover um serviço, ou uma nova linha de produção é testado e verificado seu desempenho. O produto ou o processo deve estar livre de problemas ou defeitos conhecidos (identificados através do FMEA).

Uma empresa que adote o Seis Sigma como modelo de gestão está sempre em busca de oportunidades para implementar novos projetos. Por isso, a continuidade é fundamental, o que justifica a formação de *Master black belts* e *Black belts*, muitas vezes com dedicação exclusiva. Algumas empresas apresentam um rodízio de *Black belts* na condução de projetos Seis Sigma. A empresa pode determinar que um ou mais *Black belts* dediquem-se somente aos projetos Seis Sigma por dois anos, por exemplo, depois dos quais eles voltam às suas funções originais na empresa, sendo substituídos por outros funcionários que receberam esse treinamento, mas que atualmente exercem funções distintas. Os *Green belts*, ao contrário, normalmente dedicam parcialmente seu tempo nos projetos Seis Sigma, continuando a atuar em suas funções de origem e sendo convocados esporadicamente para participar dos projetos.

3.4 Planejamento e Controle da Rede de Suprimentos

Nenhuma empresa é uma ilha. Além de precisar se relacionar com clientes, investidores e parceiros, todo negócio deve cuidar, ainda, do relacionamento com fornecedores de suprimentos. Só assim é possível que a empresa mantenha o seu funcionamento a todo vapor e consiga otimizar os processos que fazem parte da sua rotina operacional, a fim de caminhar rumo ao sucesso!

É nesse contexto que a gestão da cadeia de suprimentos, também conhecida como *Supply Chain Management* (SCM), tem enorme importância. As redes de suprimentos são sistemas complexos que envolvem o fluxo de materiais, informações e recursos desde a origem dos produtos até o consumidor final. Elas englobam todas as atividades de logística, como aquisição de matérias-primas, produção, armazenamento, distribuição e entrega.

Para Chopra e Meindl (2016), a cadeia de suprimentos é a organização de todas as partes envolvidas na realização de um pedido de compras. São elas fabricante, fornecedor, armazéns, transportadoras e clientes. As cadeias de suprimentos envolvem o fluxo constante de informações, produtos e fundos entre os participantes. O principal objetivo da cadeia de suprimentos é maximizar o valor geral produzido.

Um a cadeia de suprimento engloba todos os estágios envolvidos, direta ou indiretamente, no atendimento de um pedido de um cliente. A cadeia de suprimento não inclui apenas fabricantes e fornecedores, mas também transportadoras, depósitos, varejistas e os próprios clientes. Dentro de cada organização, como por exemplo, de uma fábrica, a cadeia de suprimento inclui todas as funções envolvidas no pedido do cliente, como desenvolvimento de novos produtos, marketing, operações, distribuição, finanças e o serviço de atendimento ao cliente, entre outras. (Chopra e Meindl, 2002)

Considere, por exemplo, um cliente que entra em uma loja Walmart para comprar detergente. A cadeia de suprimento começa com o cliente e sua necessidade de obter o produto. O próximo estágio dessa cadeia de suprimento é a loja Walmart que o cliente procura. A Walmart abastece suas prateleiras usando um estoque que pode ter sido fornecido por um depósito de produtos acabados administrado pela própria Walmart ou por um distribuidor que utiliza caminhões fornecidos por um terceiro. O distribuidor, por sua vez, é abastecido pelo fabricante (por exemplo, a Procter & Gamble, P&G). A fábrica da P&G recebe a matéria-prima de diversos fornecedores, que podem, por sua vez, terem sido abastecidos por outros fornecedores. Por exemplo: o material para embalagens pode vir da Tenneco, que pode receber matéria-prima de outros fornecedores para fabricar as embalagens. (Chopra e Meindl, 2002). Assim, muitos atores acabam estando conectados em uma única experiência de compra, dando vida ao SCM.

Para que a cadeia de suprimentos cumpra o seu papel no fluxo operacional do negócio, é preciso que ela esteja devidamente estruturada e seja otimizada. É nesse contexto que ganham destaque o planejamento estratégico e os processos de gestão que envolvem a rede de suprimentos.

De acordo com Corrêa (2014), o gerenciamento da cadeia de suprimentos está na agenda dos principais executivos das grandes empresas. Os executivos consideram este departamento como o de maior potencial para conseguir vantagem competitiva em mercados globais. Segundo o autor, não basta a empresa ter eficiência nas operações internas. As parcerias de cadeia de suprimentos devem ser eficientes.

Neste sentido, a busca por cadeias de suprimentos enxutas ou responsivas tem sido cada vez mais difundidas e estudadas.

Construir cadeias de suprimentos enxutas envolve a integração entre os parceiros de um sistema. A oferta deve ser coordenada com as necessidades das instalações de produção e a produção deve estar diretamente vinculada à demanda dos clientes pelo produto. A importância de um fluxo ágil, estável e consistente que reponde à verdadeira demanda do cliente não pode ser exagerada.

Womack e Jones, em seu trabalho denominado *Lean Thinking*, apresentam as seguintes instruções para a implementação de uma cadeia de suprimentos enxuta:

- O valor deve ser definido em conjunto para cada família de produtos, e com uma meta de custo baseada na percepção de valor do cliente.
- Todas as empresas ao longo do fluxo de valor devem gerar um retorno adequado sobre seus investimentos em relação ao fluxo de valor.
- As empresas devem trabalhar em parceria para identificar e eliminar o muda (desperdício, em japonês) até o ponto em que a meta de custo total e a de retorno sobre os investimentos de cada empresa sejam atingidas.
- Quando as metas de custos são alcançadas, as empresas ao longo do fluxo deverão realizar imediatamente novas análises para identificar algum muda remanescente e definir novos alvos.
- Toda empresa envolvida tem o direito de examinar todas as atividades de todas as empresas relevantes ao fluxo de valor, como parte da busca conjunta por desperdícios.

Já a cadeia responsiva (ou ágil) é baseada em uma capacidade de resposta rápida à demanda do mercado e às mudanças das necessidades dos clientes. Ela enfatiza a flexibilidade e a adaptabilidade da cadeia de suprimentos, permitindo que ela responda rapidamente às mudanças nas condições de mercado. A cadeia responsiva é baseada na premissa de que a demanda é incerta e que é necessário planejar-se para possíveis mudanças, a fim de atender as necessidades dos clientes. A cadeia responsiva possui uma capacidade de reação rápida, mesmo que isso signifique um custo maior.

A implantação de uma boa gestão da cadeia de suprimentos pode envolver várias etapas e requer um planejamento cuidadoso para garantir que as melhores práticas sejam implementadas, exigindo diversas decisões relacionadas ao fluxo de informações, de produtos e monetário. Conforme Chopra e Meindl (2002), essas decisões se encaixam em três categorias, ou fases, dependendo da frequência de cada decisão e do período de execução de cada fase:

1. Estratégia ou projeto da cadeia de suprimento: Durante essa fase, a empresa decide como estruturar a cadeia de suprimento. Determina qual será a configuração da cadeia e que processos cada estágio deverá desempenhar. As decisões tomadas durante essa fase são também conhecidas como decisões estratégicas para a cadeia de suprimento. Tais decisões são tomadas pelas empresas e incluem: local, capacidade de produção e das instalações para armazenagem, produtos a serem fabricados ou estocados em diversos locais, meios de transporte a serem disponibilizados de acordo com os diferentes turnos de expedição e o tipo de sistema de informação que vai ser adotado. A empresa deve garantir que a configuração de sua cadeia de suprimento possa apoiar seus objetivos estratégicos durante essa fase.

2. Planejamento da cadeia de suprimento: Como resultado dessa fase de planejamento, as empresas definem um conjunto de políticas operacionais que lideram as operações de curto prazo. Para as decisões tomadas durante essa fase, a configuração da cadeia de suprimento, determinada na fase estratégica, é fixa. Essa configuração estabelece restrições dentro das quais cada planejamento deve ser realizado. As empresas iniciam a fase de planejamento com uma previsão de demanda para o ano seguinte (ou um período de execução semelhante) em diferentes mercados. O planejamento inclui decisões sobre quais mercados deverão ser supridos e de que locais, sobre a construção dos estoques, a terceirização da fabricação, as políticas de reabastecimento e estocagem a serem seguidas, as políticas que serão desempenhadas em relação a locais de reserva, no caso de incapacidade de atender a um pedido, e a periodicidade e dimensão das campanhas de marketing.

3. Operação da cadeia de suprimento: O período de tempo considerado aqui é semanal ou diário e durante essa fase as em presas tomam decisões sobre pedidos individuais de clientes. Na fase operacional, a configuração da cadeia de suprimento é considerada fixa e as políticas de planejamento como já definidas. O objetivo das operações da cadeia de suprimento é implementar as políticas operacionais da melhor maneira possível. Durante essa fase, as empresas distribuem os pedidos individuais para estoque ou produção, determinam a data em que o pedido deverá ser atendido, geram inventários nos depósitos, adaptam o pedido a um meio de transporte ou expedição apropriados, organizam as entregas dos caminhões e encaminham os pedidos de reabastecimento. Uma vez que as decisões operacionais são tomadas a curto prazo (minutos, horas ou dias), muitas vezes há menos incerteza em relação à demanda. O objetivo durante a fase operacional é explorar a redução da incerteza e otimizar o desempenho dentro das restrições estabelecidas pela configuração e pelas políticas de planejamento.

Listamos, na sequência, algumas ações importantes a serem tomadas durante estas fases:

Definir objetivos: A definição de objetivos claros e mensuráveis para o processo de SCM é de extrema importância. Esses objetivos devem estar alinhados com a estratégia da empresa e devem ser específicos, mensuráveis, alcançáveis, relevantes e com prazo determinado.

Mapear a cadeia de suprimentos: identificar todas as partes da cadeia de suprimentos, desde os fornecedores até os clientes finais, é importante para entender as interações entre as diferentes partes da cadeia.

Selecionar os fornecedores: É importante selecionar fornecedores que estejam alinhados com os objetivos da empresa. A seleção dos fornecedores deve levar em consideração a qualidade dos produtos, os preços, a capacidade de entrega e a confiabilidade.

Integrar sistemas: Uma vez que os fornecedores tenham sido selecionados, é importante realizar a integração dos sistemas de informação para permitir a comunicação eficiente e em tempo real. Isso inclui a implementação de sistemas ERP, CRM (apresentado na seção 3.4.2) e outros sistemas de gerenciamento.

Estabelecer parcerias: Para garantir o sucesso da SCM, é importante estabelecer parcerias sólidas com fornecedores, clientes e outras partes interessadas. Essas parcerias devem ser baseadas em confiança, transparência e colaboração.

Controlar: A SCM deve ser continuamente monitorada e avaliada para garantir que os objetivos estejam sendo alcançados e para identificar áreas para melhorias. É importante estabelecer indicadores de desempenho e realizar análises regulares para identificar problemas e oportunidades de melhoria.

Treinar: Finalmente, é importante investir em treinamento e desenvolvimento de pessoal para garantir que a equipe esteja equipada com as habilidades e conhecimentos necessários para implementar e manter uma SCM eficiente.

Por fim, mas não menos importante, ainda é necessário citar o papel dos Centros de Distribuição (CDS) e da "última milha", principalmente com o crescimento substancial dos *marketplaces* e do *e-commerce*.

Os CDS desempenham um papel fundamental na gestão da cadeia de suprimentos, pois são responsáveis pelo armazenamento e distribuição dos produtos em grandes volumes. Eles ajudam a reduzir o tempo de entrega, permitindo que os produtos cheguem aos clientes finais mais rapidamente. Além disso, os CDS também podem ajudar a reduzir os custos de transporte, permitindo que os produtos sejam entregues em grandes quantidades em vez de várias remessas menores (consolidação de fretes).

A última milha, por sua vez, refere-se à entrega final do produto ao cliente. Ela é geralmente vista como o ponto crítico na cadeia de suprimentos, uma vez que pode ser muito desafiadora. A última milha pode ser um fator crítico para a satisfação do cliente, uma vez que um atraso ou problema na entrega final pode levar a um cliente insatisfeito.

A boa gestão do SCM envolve um equilíbrio entre o gerenciamento eficaz dos CDS e a gestão eficaz da última milha. Isso requer uma coordenação cuidadosa entre os fornecedores, fabricantes, distribuidores e transportadoras envolvidos na cadeia de suprimentos. A integração adequada entre os CDS e a última milha pode ajudar a garantir que os produtos cheguem aos clientes finais de forma eficiente, eficaz e no prazo.

A implantação de uma SCM eficiente pode levar tempo e esforço, mas é um investimento que pode gerar benefícios significativos em termos de eficiência, redução de custos e satisfação do cliente.

3.4.1 Evolução

A evolução das redes de suprimentos tem sido impulsionada por avanços tecnológicos, mudanças no ambiente de negócios e demandas dos consumidores.

Ballou (2007) confirma que a SCM não é uma abordagem nova e reconhece que muitas áreas da logística foram incorporadas e formam a base da SCM, inferindo que a transferência de mercadorias de uma entidade empresarial para outra requer coordenação de demanda e fornecimento ao longo do canal. Dessa forma, autores como Ballou acreditam que SCM é um processo evolutivo, como demonstra a Figura 3.32.

Figura 3.32 – A evolução da logística para cadeia de suprimentos

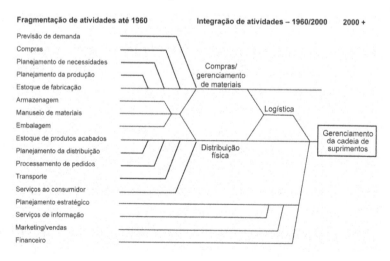

Fonte: John Yuva (2002) *apud* Ballou (2006).

De forma sucinta, é possível afirmar que as redes de suprimentos evoluíram de abordagens de integração vertical para modelos mais colaborativos e integrados.

Nas primeiras décadas do século XX, a maioria das empresas possuía uma integração vertical completa, ou seja, realizava todas as etapas do processo produtivo internamente. Elas controlavam desde a obtenção de matéria-prima até a distribuição do produto final. Essa abordagem tinha como objetivo obter maior controle e eficiência, mas também era bastante inflexível.

Com o surgimento das tecnologias de informação e comunicação, na década de 1960, as empresas começaram a explorar a integração horizontal. Isso envolvia a formação de parcerias com outras empresas ao longo da cadeia de suprimentos, visando compartilhar recursos, conhecimento e riscos. A integração horizontal permitiu maior flexibilidade e agilidade nas operações.

Nas décadas de 1980 e 1990, surgiu o conceito de Supply Chain Management (SCM), que se tornou amplamente adotado pelas empresas. O SCM enfatiza a colaboração e a coordenação entre os diversos elos da cadeia de suprimentos. A troca de informações em tempo real e o compartilhamento de dados permitiram uma melhor visibilidade e controle das operações, resultando em redução de custos, aumento da eficiência e melhoria do serviço ao cliente.

Posteriormente, com o processo de globalização e a abertura de mercados, as redes de suprimentos se tornaram cada vez mais globais. As empresas começaram a buscar fornecedores e parceiros em diferentes países para aproveitar vantagens como custos mais baixos, acesso a recursos específicos e novos mercados. Essa expansão global aumentou a complexidade das redes de suprimentos, exigindo uma gestão mais sofisticada.

GESTÃO ESTRATÉGICA DE OPERAÇÕES

Por fim, nos últimos anos, a digitalização e as tecnologias disruptivas, como a Internet das Coisas (IoT), a inteligência artificial (IA) e a *blockchain*, têm transformado as redes de suprimentos. Essas tecnologias permitem uma maior automação, rastreabilidade em tempo real, otimização de processos e análise de dados em larga escala. Além disso, a logística de última milha tem se tornado cada vez mais importante, impulsionada pelo crescimento do comércio eletrônico.

3.4.2 Costumer Relationship Management (CRM)

A gestão do relacionamento com o consumidor (*Customer Relationship Management – CRM*) é uma abordagem estratégica que visa estabelecer e manter relacionamentos duradouros e mutuamente benéficos entre uma empresa e seus clientes. Ela envolve a utilização de tecnologia, processos e práticas para compreender, antecipar e responder as necessidades dos clientes de maneira eficaz.

Você já ouviu falar na relação entre fraldas e cervejas? Vamos tentar entender melhor o CRM através desta relação.

Analisando as compras feitas nos cartões de crédito e no cartão fidelidade de toda sua rede de lojas, o Walmart percebeu o seguinte padrão de compra: Homens, entre 25 e 35 anos, compravam tanto fraldas quanto cervejas, nas sextas-feiras. Em resumo, estes jovens papais estavam abastecendo o estoque de fraldas para o final de semana e aproveitaram a oportunidade para comprar a cerveja dos próximos dias. Chegando nessa constatação, o Walmart decidiu facilitar, aproximando as cervejas das fraldas. O resultado foi um aumento significativo na venda de ambos os produtos.

É com esse nível de análise e pronta resposta que muitas empresas atuam quando percebem padrões de consumo dos seus clientes. Demonstra o potencial de análise para compreensão dos clientes. De acordo com Slack *et al.* (2009) essa é a base da gestão do relacionamento com o consumidor que vai além de simplesmente tecnologia. É um processo que ajuda a compreender as necessidades e maximizar a lucratividade. CRM une todas as informações isoladas sobre os consumidores de modo a obter *insights* sobre o seu comportamento e seu valor para o negócio (Slack *et al.*, 2009).

Greenberg (2010), autor de um dos livros mais importantes sobre o tema, *CRM at the Speed of light* traz em sua abordagem alguns aspectos importantes, tais como:

Centralização do cliente: O foco principal é no cliente, buscando entender suas preferências, necessidades e comportamentos para fornecer uma experiência personalizada.

Integração de dados: O CRM busca consolidar dados e informações dos clientes de diferentes canais e departamentos, permitindo uma visão única e abrangente do cliente.

Automação de processos: A automação de processos de negócios relacionados ao atendimento ao cliente, vendas e marketing ajuda a melhorar a eficiência e a consistência das interações com os clientes.

Personalização: A personalização das interações é um aspecto fundamental do CRM, permitindo que as empresas forneçam ofertas, recomendações e comunicações adaptadas às necessidades e preferências individuais dos clientes.

Análise de dados: A análise de dados é usada para extrair insights valiosos dos dados do cliente, ajudando as empresas a entender melhor seus clientes, identificar tendências e padrões, e tomar decisões mais informadas.

Gestão de experiência do cliente: O CRM procura criar uma experiência positiva e consistente em todas as interações com o cliente, desde o primeiro contato até o pós-venda, com o objetivo de construir relacionamentos duradouros e leais.

A integração entre SCM e CRM pode ajudar as empresas a fornecer uma experiência de compra mais satisfatória e eficiente, bem como aprimorar a gestão da cadeia de suprimentos em toda a organização. As informações coletadas por meio do CRM podem ser usadas para aprimorar a gestão da cadeia de suprimentos, permitindo que a empresa preveja a demanda futura e tome decisões informadas sobre compras, produção e distribuição.

Da mesma forma, a SCM pode ajudar a melhorar a qualidade do atendimento ao cliente, garantindo que os produtos sejam entregues no prazo, com a qualidade e o custo adequados. Além disso, a SCM pode fornecer informações valiosas sobre a cadeia de suprimentos para o CRM, permitindo que as empresas compreendam melhor o comportamento do cliente e personalizem a experiência de compra.

Atinente a isso, salienta-se, ainda, o papel da omnicanalidade neste processo. A omnicanalidade é uma estratégia de varejo que busca oferecer uma experiência de compra unificada e consistente em todos os canais de venda da empresa, sejam eles físicos ou digitais. É uma flexibilização ao consumidor, permitindo que ele escolha o melhor canal que lhe atenda.

A omnicanalidade e o CRM estão relacionados porque ambos têm como objetivo melhorar a experiência do cliente e a comunicação com ele, mas atuam em diferentes fases do processo de venda e relacionamento com o cliente. Enquanto a omnicanalidade está mais relacionada à estratégia de vendas e distribuição, o CRM está relacionado à gestão do relacionamento com o cliente em todas as etapas, desde o pré-venda até o pós-venda. O CRM visa criar um banco de dados e informações sobre os clientes para que as empresas possam entender melhor suas necessidades, desejos e preferências, e assim criar ofertas personalizadas para cada um deles.

Já a omnicanalidade visa garantir que essas ofertas personalizadas cheguem aos clientes de forma consistente e eficiente em todos os canais de venda da empresa, sejam eles físicos ou digitais. Portanto, o CRM pode fornecer informações importantes para a estratégia omnicanal, pois ajuda a identificar os canais mais utilizados pelos clientes e suas preferências, permitindo que as empresas adaptem sua estratégia omnicanal de acordo com essas informações.

A relação entre CRM, omnicanalidade e SCM é essencial para que as empresas forneçam a melhor experiência possível aos clientes, adaptando-se às suas necessidades e garantindo a eficiência em todos os processos.

3.4.3 Resiliência e Efeito chicote na Cadeia de Suprimentos

O mercado atual é caracterizado por níveis mais elevados de turbulência e volatilidade. As empresas, os ambientes econômicos e políticos mais amplos estão cada vez mais sujeitos a choques e descontinuidades inesperadas. Como resultados, as cadeias de suprimentos são vulneráveis a perturbações e, consequentemente, o risco para a continuidade da empresa é maior (Christopher, 2018).

Considerando-se que no passado o objetivo primordial no projeto da cadeia de suprimentos era, provavelmente, a minimização de custos ou a otimização dos serviços, o destaque hoje deve ser dado a resiliência (Christopher, 2018).

Resiliência na cadeia de suprimentos é a capacidade de uma empresa de se adaptar e responder de forma eficiente a eventos inesperados ou perturbações que possam afetar a cadeia de suprimentos, como interrupções de fornecimento, mudanças repentinas na demanda ou desastres naturais. A resiliência pode ser alcançada por meio da implementação de estratégias e práticas que reduzam o risco de interrupções na cadeia de suprimentos, bem como a implementação de planos de contingência para lidar com eventos imprevistos.

De acordo com Christopher (2018) cadeias de suprimentos resilientes podem não ser as de menor custo, mas são as mais capazes de lidar com ambientes empresariais incertos. Elas têm uma série de características, entre elas o reconhecimento de onde se encontram os elos mais fracos ou "gargalos" da rede, a visão sobre estoques estratégicos e o uso seletivo de capacidade disponível para lidar com os efeitos de aumento.

Uma cadeia de suprimentos resiliente é capaz de lidar melhor com o efeito chicote, pois ela tem condições de se adaptar rapidamente às mudanças na demanda e nas condições do mercado, de forma a reduzir as oscilações na demanda que podem causar o efeito chicote.

O "efeito chicote", também conhecido como *bullwhip effect*" em inglês, é um fenômeno que ocorre quando pequenas variações na demanda do cliente são amplificadas conforme se propagam ao longo da cadeia de suprimentos. Isso pode resultar em estoques excessivos, atrasos na entrega e aumento de custos.

O efeito chicote pode ser causado por vários fatores, como falta de comunicação eficiente entre os membros da cadeia de suprimentos, previsões imprecisas da demanda e falta de coordenação na tomada de decisões. E em muitos casos há o conflito entre parceiros da cadeia de suprimentos, assim como práticas desestruturantes para o setor, tais como recorrer a preços promocionais.

Considere, por exemplo, a prática no setor alimentício, de oferecer preços promocionais para um produto todo mês de janeiro. Os varejistas respondem ao corte no preço estocando, e, em alguns casos, comprando suprimento para um ano — prática que o setor chama *forward buying* (compra adiantada). Ninguém ganha com isso. Os varejistas precisam pagar para manter o suprimento de um ano, o que acrescenta custos ao longo do sistema do varejista. Por exemplo, as fábricas do fornecedor precisam realizar horas extras a partir de outubro para atender à demanda. Até mesmo os fornecedores que suprem as fábricas são afetados, porque precisam responder rapidamente à grande demanda de matéria-prima. O impacto desses tipos de práticas tem sido estudado em empresas como a Procter & Gamble (Jacobs e Chase, 2012).

A Figura 3.33 mostra padrões típicos de pedidos encontrados em cada nó da cadeia de suprimentos, que consiste em fabricante, distribuidor, atacadista e varejista. Nesse caso, a demanda é por fraldas descartáveis. Os pedidos do varejista para o atacadista apresentam maior variabilidade do que as vendas para o consumidor final; os pedidos do atacadista para o fabricante mostram ainda mais oscilações e, por fim, os pedidos do fabricante para seus fornecedores são os mais voláteis.

Figura 3.33 – A evolução da logística para cadeia de suprimentos

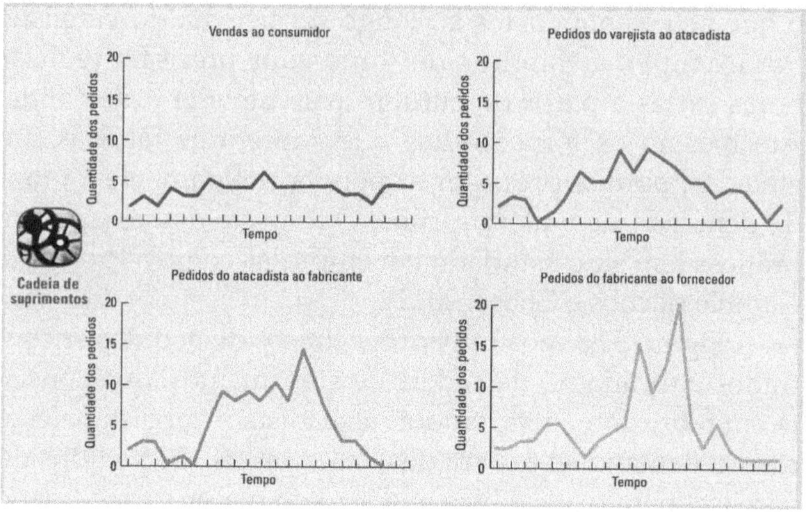

Fonte: Jacobs e Chase (2012).

O efeito indica a falta de sincronia entre os membros da cadeia de suprimentos. Até mesmo uma ligeira mudança nas vendas ao consumidor reflete em oscilações amplificadas na cadeia descrita anteriormente, semelhantes às ondulações resultantes do brandir do cabo de um chicote. Como os padrões da oferta não correspondem aos da demanda, há acúmulo de estoque em vários estágios, escassez e atrasos em outros. Esse efeito chicote foi observado por várias empresas em diversos setores, incluindo a Campbell Soup e a Procter & Gamble em bens de consumo; a Hewlett-Packard, a IBM e a Motorola em eletrônicos; a General Motors em automóveis; e a Eli Lilly em farmacêuticos (Jacobs e Chase, 2012).

A Campbell Soup tem um programa denominado reposição contínua, que exemplifica o que muitos fabricantes estão fazendo para uniformizar o fluxo de materiais ao longo de sua cadeia de suprimentos. A Campbell Soup implementou *links* EDI (*electronic data interchange*) com os varejistas e oferece "preços baixos todos os dias", o que elimina os descontos. Todas as manhãs os varejistas informam à empresa eletronicamente sua demanda por todos os produtos Campbell e o nível do estoque em seus centros de distribuição. A Campbell utiliza essa informação para prever a demanda futura e determinar quais produtos requerem reposição com base nos limites máximos e mínimos de estoque estabelecidos previamente com cada fornecedor. Os caminhões partem da fábrica da Campbell à tarde e chegam ao centro de distribuição do varejista com a reposição necessária nesse mesmo dia. Por meio desse sistema, a fabricante pode reduzir o estoque do varejista para duas semanas de suprimento, que no sistema anterior era em média de quatro semanas de suprimento (Jacobs e Chase, 2012).

A redução do efeito chicote na cadeia de suprimentos pode ser alcançada por meio da adoção de práticas como a colaboração entre os membros da cadeia de suprimentos, compartilhamento de informações e adoção de tecnologias de previsão mais precisas.

3.5 Estudo de Caso e Questões de Fixação

Case Amazon.com — um e-business (adaptado de Chopra e Meindl, 2002).

A Amazon.com vende livros, música e outros itens pela Internet. É uma das maiores empresas de *e-commerce* com uma capitalização de mercado de mais de US$ 20 bilhões. Esse número é extraordinariamente exorbitante, considerando-se que a empresa foi constituída em 1994. A empresa teve venda anual de US$ 1,6 bilhão em 1999, mas ainda não tinha se tornado lucrativa na época. A Amazon.com é sediada em Seattle e começou atendendo, em resposta aos pedidos dos clientes, com livros adquiridos de um distribuidor. Essa prática difere da adotada por livrarias tradicionais que compram diretamente das editoras e estocam os livros em antecipação aos pedidos dos clientes. Em 2002, a Amazon.com possuía sete depósitos onde mantinha seu estoque. A empresa estocava os livros mais vendidos, mas recebia outros títulos de seus distribuidores, utilizando os correios e outras empresas de transporte como a United Parcel Service (UPS) e a FedEx para enviar os livros aos clientes. Como a Amazon.com ainda não havia se tornado lucrativa, existiam várias questões a serem respondidas sobre o uso do canal do e-commerce para varejo, no geral, e para a venda de livros, no particular. Livrarias tradicionais como a Borders ou a Barnes and Noble também começaram a usar a Internet como canal de vendas. A Barnes and Noble fundou a BarnesandNoble.com como uma empresa separada. As duas cadeias de suprimento, entretanto, dividem depósitos e meios de transportes comuns a ambas, uma mudança na estratégia de cadeia de suprimento original da Barnes and Noble existente antes da fundação da BarnesandNoble.com. Podemos levantar diversas questões sobre o modo como a Amazon.com foi estruturada e qual a reação das livrarias tradicionais:

1. Por que a Amazon.com estava construindo mais depósitos conforme ela crescia? Quantos depósitos deveria ter e onde deveriam ser instalados?
2. Que vantagens a venda de livros pela Internet tem sobre as livrarias tradicionais? Existe alguma desvantagem nas vendas pela Internet?
3. Por que a Amazon.com estoca *best sellers*, mas compra outros títulos de seus distribuidores? Como isso impactou na criação do *marketplace* "Amazon" atualmente?

4. O que poderia ocasionar algum efeito chicote na rede da Amazon?
5. Que estratégias a Amazon pode utilizar (ou já utiliza atualmente) para dar mais resiliência a sua rede de suprimentos?
6. Para que produtos o *e-commerce* proporciona mais vantagens? O que caracteriza esses produtos?
7. Qual a relação do case com a omnicanalidade e o CRM, atualmente?
8. Como esta estratégia impactou no desenvolvimento da Amazon nos dias atuais?

REFERÊNCIAS

ACADEMIA PEARSON. **Gestão da Qualidade.** São Paulo: Pearson, 2010.

ALBERTIN, M.; SAMPAIO, C.; DIAS, M.; FEITOSA, P. **Aplicação da Eficiência Global de Equipamentos com Indicador de Qualidade Sem Perdas.** In: ENEGEP, 32, 2012, Bento Gonçalves, RS, Brasil, Anais..., Bento Gonçalves: ABEPRO, 2012.

ALBERTIN, M.; GUERTZENSTEIN, V. **Planejamento avançado da qualidade.** Rio de Janeiro: Alta Books, 2018.

ALOINI, D.; DULMIN, R.; MININNO, V. **Risk management in ERP project introduction:** Review of the literature. Information & Management. 6. ed. 2007. 547-567 p. v. 44.

ANDRADE, L.; SCHERER, C. **Estudo de Caso da Aplicação do Indicador de Eficiência Global de Equipamentos (OEE) para Diagnóstico e Melhoria de Produtividade em uma Linha de Produção Automotiva.** In: ENEGEP, 29, 2009, Salvador, BA, Brasil, Anais..., Salvador: ABEPRO, 2009.

ANTUNES, Junico; ALVAREZ, Roberto; BORTOLOTTO, Pedro; KLIPPEL, Marcelo; PELLEGRIN, Ivan. **Sistema de produção. Conceitos e práticas para projeto e gestão da produção enxuta.** Porto Alegre: Bookman, 2008.

BALLOU, Ronald H. **Gerenciamento da cadeia de suprimentos/logística empresarial;** tradução Raul Rubenich. 5. ed. Porto Alegre: Bookman, 2006.

CARPINETTI, Luiz Cesar R. **Gestão da Qualidade. Conceitos e técnicas.** 2. ed. São Paulo: Atlas, 2012.

CARVALHO, Marly M. Qualidade. In: BATALHA, Mario Otávio. **Introdução à engenharia de produção.** Rio de Janeiro: Elsevier, 2008.

CHIARADIA, A. **Utilização do Indicador de Eficiência Global de Equipamentos na Gestão e Melhoria Contínua dos Equipamentos:** Um estudo de Caso na Indústria Automobilística. Dissertação de Mestrado em Engenharia: PPGEP-UFRGS, Porto Alegre, 2004.

CHOPRA, Sunil; MEINDL, Peter. **Gerenciamento da cadeia de suprimentos.** 1. ed. São Paulo: Pearson, 2002.

CHOPRA, Sunil; MEINDL, Peter. **Gestão da cadeia de suprimentos.** São Paulo: Pearson, 2016.

CHRISTOPHER, Martin. **Logística e gerenciamento da cadeia de suprimentos.** São Paulo, SP: Cengage, 2018.

CORRÊA, H. L.; GIANESI, I. G. N.; CAON, M. **Planejamento programação e controle da produção.** 4. ed. São Paulo: Atlas, 2001.

CORRÊA, Henrique Luiz. **Administração de cadeias de suprimento e logística.** São Paulo: Editora Atlas S.A., 2014.

CORRÊA, Henrique; CORRÊA, Carlos. **Administração de produção e operações. Manufatura e serviços: uma abordagem estratégica.** 5. ed. São Paulo: Atlas, 2022.

FERREIRA, T.; MOREIRA, D.; DISCONZI, C. **Análise da Produtividade de Uma Empresa de Beneficiamento de Arroz Através do Índice de Rendimento Global.** In: ENEGEP, 32, 2012, Bento Gonçalves, RS, Brasil, Anais..., Bento Gonçalves: ABEPRO, 2012.

GEORGE, M. L.; ROWLANDS, D.; PRICE, M.; MAXEY, J. **The Lean Six Sigma pocket toolbook.** New York: McGraw-Hill, 2006.

GREENBERG, P. (2010) **The Impact of CRM 2.0 on Customer Insight.** Journal of Business & Industrial Marketing, 25, 410-419. https://doi.org/10.1108/08858621011066008

GREENBERG, Paul. **CRM at the Speed of Light, Fourth Edition: Social CRM Strategies, Tools, and Techniques for Engaging Your Customers,** 2010.

HANSEN, R. **Eficiência Global dos Equipamentos:** uma poderosa ferramenta de produção/manutenção para o aumento dos lucros. Porto Alegre: Bookman, 2006.

HAYES, R. et al. **Produção, estratégia e tecnologia:** em busca da vantagem competitiva. Porto Alegre: Bookman, 2008.

JACOBS, F. Robert; CHASE, Richard B. **Administração de operações e da cadeia de suprimentos** [recurso eletrônico]. tradução: Monica R. Rosemberg, João Gama Neto; revisão técnica: Orlando Cattini Junior. 13. ed. Dados eletrônicos. Porto Alegre: AMGH, 2012.

KRUSE, G. **See no evil, hear no evil, speak no evil: The reality about enterprise resource planning implementations is often shrouded in mistruths.** The IET Manufacturing Engineer. 2. ed. 2006. 40-43 p. v. 85.

LABONE CONSULTORIA. **Treinamento em PDCA e SDCA.** Disponível em http\\www.laboneconsultoria.com.br/treinamento/pdca-significa. Consultado em 14 dez. 2022.

LAW, C. H. C.; NGAI, W. T. E. **ERP systems adoption: An exploratory study of the organizational factors and impacts of ERP success.** Information & Management. 4. ed. 2007. 418-432 p. v. 44.

LÉLIS, Eliacy Csavalcanti. **Gestão da produção.** São Paulo: Pearson Education do Brasil, 2014.

MONTGOMERY, D. **Introdução ao controle estatístico da qualidade.** 7. ed. Rio de Janeiro: Gen LTC, 2016.

MOREIRA, D. A. **Administração da produção e operações.** 2. ed. rev. e amp. São Paulo: Cengage Learning, 2008.

NANCI, L. C. *et al.* **O PCP no Contexto Estratégico.** Rio de Janeiro: Elsevier, 2008.

NETO, Gorni Fernando. **Gestão de Suprimentos e Logística.** Rio de Janeiro, RJ: Freitas Bastos Editora, 2022.

NOREEN, E.; SMITH, D.; MACKEY, J. T. **A Teoria das Restrições e suas Implicações na Contabilidade Gerencial:** um Relatório Independente. São Paulo: Educator, 1996.

OLIVEIRA, T.; HELLENO, A. **Sistema de Apoio à Gestão da Produção: Indicadores de Eficiência Operacional** – Estudo de Caso. Ciência e Tecnologia. 33. ed. 2012. v. 17.

OLIVEIRA, L.; LIBRANTZ, A. **Aumento da Eficiência dos Equipamentos com a Utilização de Ferramentas de Resposta Rápida** In: ENEGEP, 32, 2012, Bento Gonçalves, RS, Brasil, Anais..., Bento Gonçalves: ABEPRO, 2012.

OLIVEIRA, D.; SANGINETO, M. **Otimização do Processo de Envase de Lubrificantes por Meio da Aplicação do Indicador de Eficácia Global de Equipamentos e da Teoria das Restrições.** In: ENEGEP, 30, 2010, São Carlos, SP, Brasil, Anais..., São Carlos: Abepro, 2010.

OLIVEIRA, L. S. de; HATAKEYAMA, K. **Um estudo sobre a implantação de sistemas ERP: pesquisa realizada em grandes empresas industriais.** Production, 22(Prod., 2012 22(3)), 596-611. https://doi.org/10.1590/S0103-65132012005000052

ORTIZ, C. A. **Kaizen e implementação de eventos kaizen.** Porto Alegre: Bookman, 2010.

PADILHA, T. C. C.; MARINS, F. A. S. **Sistemas ERP: Características, custos e tendências.** In: ENCONTRO NACIONAL DE ENGENHARIA DE PRODUÇÃO, 22., 2002, Curitiba. Anais... Curitiba: ENEGEP, 2002.

PIZDEK, T.; KELLER, P. **The Six Sigma handbook.** 5. ed. New York: McGraw-Hill, 2018.

PROENÇA, E.; TUBINO, D. **Monitoramento Automático e em Tempo Real da Eficácia Global dos Equipamentos (OEE) como Prática de Apoio à Manufatura Enxuta:** Um Estudo de Caso. In: ENEGEP, 30, 2010, São Carlos, SP, Brasil, Anais..., São Carlos: Abepro, 2010.

RENO, G.; SEVEGNANI, G.; MARTINS, A.; BERKENBROCK, T.; FISCHER, D. **Sistema de Monitoramento de Paradas de Máquina em uma Linha de Usinagem – Um Estudo de Caso.** In: ENEGEP, 30, 2010, São Carlos, SP, Brasil, Anais..., São Carlos: Abepro, 2010.

RIBEIRO, G. L. M.; PAES, R. L.; NETO, F. J. K. **Methodology for Implementation of OEE productivity of uncovering coal in a process open pit mine.** In: National meeting of production engineering (ENEGEP), 30., 2010, São Carlos. Anais. São Carlos: Abrepo, 2010.

SAMMON, D.; ADAM, F. **Project preparedness and the emergence of implementation problems in ERP projects. Information & Management,** v. 47, n. 1, p. 01-08, 2010. http://dx.doi.org/10.1016/j.im.2009.09.00

SANTOS, A. F. *et al.* **Planejamento e Controle de produção.** Porto Alegre: Sagah, 2020.

SCHMIDT, P.; SANTOS, J. L.; PINHEIRO, P. R. **Introdução à Contabilidade Gerencial.** São Paulo: Atlas, 2007.

SERRA, N.; BELTRÃO, N.; SANTOS, N.; QUARESMA, J. **Utilização do Indicador OEE na Análise do Desempenho dos Processos e Melhoria Contínua na Produção de Condutores Elétricos**. In: ENEGEP, 30, 2010, São Carlos, SP, Brasil, Anais..., São Carlos: Abepro, 2010.

SERVIN, C.; SANTOS, L.; GOHR, C. **Aplicação da Metodologia DMAIC Para a Redução de Perdas por Paradas Não Programadas em uma Indústria Moageira de Trigo**. In: ENEGEP, 27, 2007, Foz do Iguaçu, PR, Brasil, Anais..., Foz do Iguaçu: ABEPRO, 2007.

SLACK, N.; CHAMBERS, S.; JOHNSTON, R. **Administração da produção**. 2. ed. São Paulo: Atlas, 2002.

SLACK, N.; CHAMBERS, S.; JOHNSTON, R. **Administração da produção**. 3. ed. São Paulo: Atlas, 2009.

WANG, T. G. E. *et al*. **The consistency among facilitating factors and ERP implementation success: A holistic view of fit. The journal of Systems and software**. 9. ed. 2008. 609-621 p. v. 81.

WICHER, E.; HERMOSILLA, J.; SILVA, E.; PIRATELLI, C. **Medição do desempenho organizacional: o caso de um sistema integrado baseado no BSC implantado no setor sucroalcooleiro**. In: ENEGEP, 32, 2012, Bento Gonçalves, RS, Brasil, Anais..., Bento Gonçalves: ABEPRO, 2012.

WOMACK, J. P.; JONES, D. T. **Lean Thinking: Banish Waste and Create Wealth in Your Corporation**. Nova York: Simon & Schuster, 1996.

YEN, R. H.; SHEU, C. Aligning. **ERP implementation with competitive priorities of manufacturing firms**: An exploratory study. International Journal of Production Economics. 3. ed. 2004. 207-220 p. v. 92.

ZATTAR, I.; RUDEK, S.; TURQUINO, G. **O Uso do Indicador OEE Como Ferramenta da Tomada de Decisões em uma Indústria Gráfica** – Um Caso Prático. Iberoamerican Journal of Industrial Engineering. 4. ed. 2011. 113-132 p. v. 2.

4 – DESAFIOS DA PRODUÇÃO

A produção não está isenta de desafios. No primeiro capítulo foi visto que os diferentes sistemas de produção que se sucederam ao longo das décadas procuraram ultrapassar os obstáculos com os recursos tecnológicos disponíveis. A produtividade, a qualidade, os custos e a variedade do que ofereciam tornaram-se os balizadores para o seu sucesso ou fracasso. Agora, uma nova situação se impõe, e que envolve toda a sociedade em virtude de suas consequências: a sustentabilidade de nossos sistemas produtivos. Vivemos em um mundo com recursos finitos, com demanda crescente de uma população crescente. Esse talvez seja o maior desafio das cadeias produtivas desde o surgimento das primeiras organizações com a finalidade de produzir algo. Se, por um lado, não se pode simplesmente parar todo tipo de produção ou serviço a título de preservação dos recursos naturais, por outro, a continuação desse modelo sem sustentabilidade ambiental está fadado a destruir o mundo em que vivemos.

4.1 Produção x Sustentabilidade

Desenvolvimento sustentável é aquele que atende às necessidades do presente sem comprometer a possibilidade de gerações futuras atenderem às suas próprias necessidades. A sustentabilidade dos recursos está associada à sua durabilidade, ou seja, um bem ou recurso é sustentável na medida em que pode ou deve durar para atender às necessidades dos ecossistemas naturais e às demandas dos ecossistemas sociais.

A pegada ecológica é uma metodologia de contabilidade ambiental que avalia a pressão do consumo das populações humanas sobre os recursos naturais. Corresponde ao tamanho das áreas produtivas de terra e de mar, necessárias para gerar produtos, bens e serviços que sustentam seus estilos de vida (WWF, 2023).

Uma nova maneira de entender a sustentabilidade nos negócios foi criada pelo empresário John Elkington, que a chamou de **Triple Bottom Line**, ou tripé da sustentabilidade. O tripé da sustentabilidade é um conceito que engloba os resultados de uma organização considerando três pilares: social, ambiental e financeiro. Sem estes três pilares, a sustentabilidade não se sustenta (Figura 4.1).

Figura 4.1 – Tripé da sustentabilidade

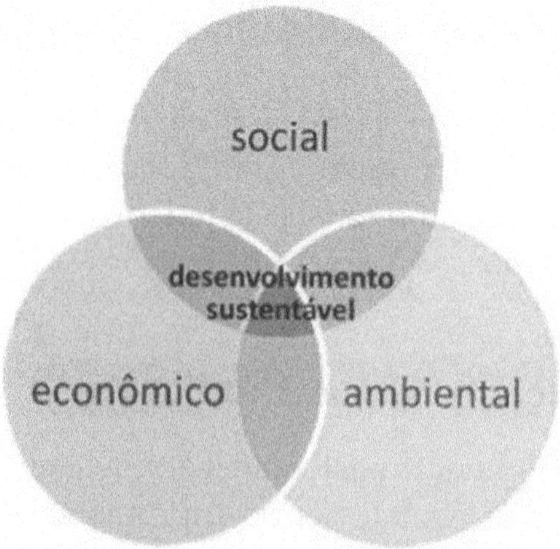

Fonte: Bioseta (2023).

O pilar social aborda o capital humano do empreendimento, comunidade e sociedade. Engloba tanto as condições de trabalho na empresa, com salários justos, ambiente de trabalho seguro e agradável e obedecendo a legislação trabalhista, até o modo como o empreendimento afeta a comunidade onde está localizada a empresa. O pilar social engloba as externalidades que a empresa provoca ao seu redor, ou seja, tudo que afeta de modo positivo ou negativo o local onde ela está inserida. Por exemplo, ruídos decorrentes da fabricação são externalidades negativas, pois incomodam os vizinhos, mas o estímulo à educação é uma externalidade positiva, pois incentiva que os moradores locais se eduquem com a possibilidade de conseguir emprego e trabalhar perto de suas residências.

O pilar ambiental se refere a tudo o que afete ao meio ambiente, desde a utilização de recursos naturais, consumo de energia, subprodutos, comercialização de seus produtos e descarte de resíduos. Este pilar leva em consideração as marcas que a empresa deixa no meio ambiente, iniciando pelo tipo de matéria-prima ou insumos que utiliza, formas de energia mais ou menos poluentes que utiliza em suas fábricas ou escritórios (renováveis ou não), tipos de embalagens, processos produtivos que gerem mais ou menos resíduos, emissões atmosféricas e líquidas (efluentes) e disposição final de seus produtos após a vida útil dos mesmos. Uma empresa responsável do ponto de vista ambiental deve já no projeto de seus produtos escolher materiais que não agridam o ambiente e definir uma reutilização dos mesmos depois de recolhidos (logística reversa).

O pilar econômico se refere ao modo que a empresa administra seus gastos e seu fluxo de caixa. O objetivo das empresas é sobreviver economicamente em um ambiente corporativo na maior parte das vezes desafiador. Por isso, ela deve se alinhar aos dois pilares anteriores mas manter sua saúde financeira. Ela deve buscar o lucro com práticas aliadas a ações sociais e ambientais. Ela deve fazer os investimentos adequados e responsáveis para renovar seus equipamentos quando estes acusam falhas que possam gerar rejeitos ou poluição, e providenciar os necessários meios técnicos para adequar seus resíduos (sólidos, líquidos e gasosos) quando não puder reaproveitá-los em seu próprio processo.

As ações de sustentabilidade devem ser empreendidas por todos em todos os países. Como vivemos em um único mundo comum a todos, é pertinente a comparação de estar navegando em um barco que carrega a todos e todos nossos recursos. Caso esse barco não seja bem cuidado por alguns, o naufrágio afetará a todos. Tendo isso em vista, a ONU adotou a partir de 2015 os objetivos de desenvolvimento sustentável como um chamado universal tendo em vista o combate à pobreza e a proteção ao planeta. Os 17 Objetivos de Desenvolvimento Sustentável (ODS) (ou *Sustainable Development Goals* – SDGs) da Figura X estão integrados, e ações em alguma área afetará os outros. Segundo a ONU, o desenvolvimento deve integrar sustentabilidade social, econômica e ambiental (UNDP, 2023).

Figura 4.2 – Objetivos de desenvolvimento sustentável ONU

Fonte: Unicef (2023).

Esse compromisso foi assumido pelos 193 Estados membros da ONU, incluindo o Brasil e tem o prazo inicial de 2030 para que todas as pessoas desfrutem de paz e prosperidade. Para que isso ocorra, toda a sociedade deve participar desse projeto comum, cada um fazendo sua parte em seu raio de ação. As empresas têm uma função primordial não só como ofertantes de empregos, mas também com um viés social e ambiental cada vez mais forte em suas operações. Isso já pode ser visto pela maior ênfase dada pelas empresas às Responsabilidades Sociais Corporativas (RSC), que são colocadas com cada vez mais evidências nas páginas eletrônicas das empresas. As RSCs podem abranger desde apoio a escolas públicas ou privadas nas redondezas da empresa, apoio a grupos esportivos locais, cursos de capacitação, manutenção de áreas verdes, entre outras ações.

4.2 O Papel da Manufatura e da Logística na Economia Circular

Nos dois últimos séculos, após a revolução industrial, os diferentes sistemas produtivos se caracterizaram por sua linearidade, ou seja, a matéria-prima é extraída da natureza, processada, produtos são obtidos e comercializados, usados e, por fim, descartados quando não mais se prestam à sua finalidade original (Figura 4.3).

Figura 4.3 – Sistema linear de produção

Fonte: Neto (2020).

O rápido crescimento populacional, com previsão de 9 bilhões de pessoas sobre a Terra em 2030, coloca o desafio de sustentabilidade para nosso planeta. Se, por um lado, a economia não pode parar em virtude da demanda (crescente, pelo crescimento da população), pela manutenção do crescimento econômico e pela geração de empregos, por outro lado os sinais nos dado pela natureza e escassez de recursos mostram que esse tipo de modelo não pode continuar por mais tempo.

Segundo Weetman (2019, p. 33), ao invés da abordagem "extrair, usar, descartar" da economia linear tradicional, "a economia circular adota uma abordagem em que usamos recursos, em vez de consumir recursos, e elimina os resíduos no design do produto, não no descarte do lixo". A ideia não é simplesmente reciclar e dar destino adequado ao que sobra após a vida útil de um produto ou de sua embalagem. Envolve uma concepção muito mais desafiadora, pois exige uma colaboração muito mais intensa entre as empresas em sua cadeia de valor. Novos modelos de negócios e de design de produtos, aproximando ainda mais manufatura e serviços, devem emergir com a economia circular. Segundo Weetman (2019, p. 51), "a economia circular se inspira na natureza, onde o resíduo de uma espécie é o alimento de outra, e a soma fornece energia".

Um bom exemplo da analogia com a natureza são os resíduos das empresas. Na natureza, os resíduos de um animal morto, por exemplo, são utilizados de diferente forma pela natureza, desde os animais que comem carniça até os resíduos finais que acabam sendo incorporados no solo. No mundo das organizações, os produtos descartados devem ter suas partes reaproveitadas. Os produtos podem ser projetados de forma a já se saber que, quando forem dispostos após sua vida útil, já se saiba de que forma a mesma empresa fabricante ou outras empresas poderão usar suas partes em seus novos produtos. Para isso, no entanto, foca claro que as empresas devem estar mais próximas umas das outras, não tanto fisicamente, mas como uma complementariedade de negócios, com troca de informações de modo a possibilitar a utilização das partes de um produto em outro de uma empresa diferente. Algumas empresas chamam a esse processo de "fechar o *loop*", no sentido de que reutilizar os materiais de um produto para outro, com a mínima saída de resíduos e a mínima necessidade de novos materiais oriundos da natureza (Weetman, 2019). A ideia de um *loop* é demonstrada na Figura 4.4.

Figura 4.4 – O circuito da economia circular

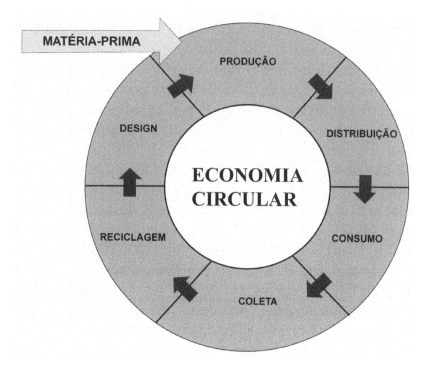

Fonte: elaborada pelos autores (2024).

O tema ganhou repercussão mundial a partir, principalmente, do lançamento em 2014 do relatório *"Towards the Circular Economy: Accelerating the scale-up across global supply chains"*, no Fórum Econômico Mundial, elaborado em colaboração com a Fundação Ellen MacArthur.

A transição para um modelo de Economia Circular está pautada na inovação, tendo como principal direcionador a efetividade sistêmica para geração de impactos positivos, no qual se busca, além da eficiência e eficácia, gerar consequências positivas para as partes envolvidas do sistema (CNI, 2018).

Para atingir esses objetivos, três princípios são considerados na Economia Circular (Ellen Macarthur Foundation, 2014):

1. Preservar e aprimorar o capital natural, com a restauração e regeneração dos recursos naturais. Entende-se por capital natural o valor inerente aos bens retirados da natureza para utilização no processo produtivo, ou seja, o valor do que é retirado da natureza.
2. Maximizar o rendimento de recursos, o que leva, principalmente, à redução dos desperdícios e à circularidade dos recursos. Isso significa a recuperação de produtos e, caso sejam descartados, que os mesmos sejam reinseridos na cadeia produtiva de forma a contribuir para a economia.
3. Estimular a efetividade do sistema, gerando impactos positivos para todas as partes interessadas. É necessário conhecer os impactos socioambientais e as externalidades negativas do produto para que sejam tomadas as medidas necessárias para evitá-las.

Existem muitos desafios para atingir estes três objetivos, e o design de produto, o design de processo e a logística reversa são fundamentais para possibilitar a economia circular. A economia circular fica muito mais fácil se, desde o princípio, produtos e processos forem concebidos tendo esse propósito em vista. Isso não quer dizer, no entanto, que produtos ou processos já no mercado ou funcionando não podem ser integrados a uma economia circular. Nesse caso de uma produção já estar em andamento deve ser buscada alguma empresa que utilize como recursos os resíduos de outra. Além disso, sempre deve ser levado em conta de que os processos podem ser melhorados em termos de redução de perdas e desperdícios. Como a economia circular supõe a utilização de produtos e subprodutos de uma empresa por outra, deve haver o deslocamento entre empresas daquilo que seria descartado. Na economia circular, a logística reversa tem seu papel ampliado, passando não somente a trazer produtos descartados ou devolvidos pelo mercado, mas também possibilitando esse fluxo entre empresas.

O design de produto seleciona os materiais e partes que comporão o produto. Ele deve ser feito de tal modo que capacite o fluxo circular. Esse é o momento de escolher não só materiais que não agridam a natureza, mas que também possam ser reutilizados após a desmontagem pela mesma empresa ou por uma empresa parceira. Tendo isso em vista, o ideal é que o design seja feito em conjunto com empresas que reutilizarão as partes que serão descartadas após a vida útil do produto. Há casos em que determinado resíduo não pode ser utilizado por outra por alguns detalhes que poderiam ter sido contornados no projeto.

O design do processo organiza o processo de produção de um produto. Dentro do contexto da economia circular, o processo deve, inicialmente, evitar a produção de subprodutos e resíduos. Caso ele produza, esses resíduos devem ser reincorporados ao processo, mas para isso este deve possibilitar essa operação em termos mecânicos. O consumo de energia do processo é função de seu projeto. A seleção de equipamentos deve privilegiar aqueles com maior eficiência e que possibilitem uma melhor regulagem em termos de evitar perdas. Além de poder recircular os resíduos gerados na própria fabricação, o processo deve ser capaz de incorporar os materiais que vêm de outras empresas, fruto do design de produto que já visava essa reutilização.

A logística reversa é o ramo da logística que se caracteriza por trazer produtos de volta para a cadeia de produção no sentido a montante, como processo inverso da logística tradicional. As razões para existência da logística reversa estão relacionadas à devolução de produtos após sua vida útil, resíduos de produtos que a legislação define com tal e que devem retornar ao fabricante, produtos vencidos em supermercados, entre outros. A Política Nacional de Resíduos Sólidos – PNRS, de 2010, caracteriza a logística reversa como uma cadeia de ações que visa coletar e direcionar de modo adequado os resíduos sólidos das empresas para reaproveitamento no ciclo produtivo das mesmas, ou em caso de não ser material reaproveitável, a destinação ambiental correta.

A economia circular está diretamente ligada à logística reversa, pois esta última caracteriza-se pela coleta e devolução de produtos e resíduos não mais próprios para consumo ou que chegaram ao fim da sua vida útil. O retorno de um produto é custoso em diversos aspectos para uma empresa, como transporte, mão de obra, capital e tempo, principalmente quando não se tem uma estrutura para recebê-los. Muitas vezes, as empresas preferem um descarte dos produtos perto de seu ponto de coleta para não incorrerem em custos de transporte ou de armazenamento. Isso ocorre porque, no método tradicional de produção e descarte, esses produtos não têm valor, ou melhor, seu valor não alcança os custos de recebê-los de volta.

4.3 Tecnologias de Produção

A informatização e a internet possibilitaram o desenvolvimento de sistemas que permitem um controle em tempo real do processo produtivo, gerando uma série de dados que permitem decisões mais rápidas e resultando em sua otimização. O MES (*Manufacturing Execution Systems*) é um *software* desenvolvido para organizar, controlar e monitorar processos nas fábricas. O MES gera dados de grande utilidade para a análise global da gestão produtiva da empresa e permite a visualização em tempo real de vários parâmetros do processo de fabricação, possibilitando decisões rápidas pelos gestores. Normalmente, ele está integrado a outros sistemas como o ERP (*Enterprise Resource Planning*) e o WMS (*Warehouse Managing System*).

A origem do MES pode ser traçada ao *software* MRP (*Materials Requirement Planning*) já na década de 1960. O MRP era um sistema que controlava o fluxo de materiais fornecidos às fábricas. Devido à limitações do MRP, foi desenvolvido o MRP II, com mais funcionalidade. Este sistema, por sua vez, foi ampliado para o MES. O MES executa funções tais como sequenciamento das atividades de produção; acompanhamento das tarefas em andamento; coleta automática dos dados em tempo real; análise do desempenho dos processos baseado em dados históricos e cumprimento do plano; controle de qualidade e rastreabilidade, sinalizando e parando o processo, se necessário quando alguma especificação de qualidade não for atendida; auxílio nos aspectos de manutenção tais como funcionamento das máquinas e diagnóstico de causas, o que resulta em aumento do *up time* e do OEE; atribuição de tarefas ao pessoal para equilibrar cargas de trabalho nos equipamentos; redução de inventário, através de levantamento atualizado da produção, rejeitos e produtos não conformes, de forma a saber quanto de material está disponível a todo momento, inclusive o que está em processo (WIP – *Work in Progress*) (Mecalux, 2023; SAP, 2023).

É comum que exista uma confusão no entendimento quanto aos sistemas ERP, WMS e MES, mas os três exercem diferentes papeis na manufatura. O ERP é um *software* mais abrangente que serve como guarda-chuva para os outros. Ele controla os processos da gestão empresarial, mas não é tão especializado na gestão da produção da fábrica quanto o MES. A principal diferença quanto a isso é estar o MES integrado diretamente nas máquinas, o que lhe possibilita receber instantaneamente os dados de produção. Já o ERP está integrado como um *software* junto a outros sistemas, como o CRM (*Customer Relantionships Management*) e aos próprios MES e WMS. O MES troca informações com o ERP, mas são sistemas separados. O ERP fornece os dados para saber o que produzir, enquanto o MES integra o ERP com informações e dados do chão de fábrica determinando como produzir esses produtos com menos perdas e mais lucratividade (SAP, 2023). Já quanto ao WMS, ele e o MES trabalham alinhados para permitir o abastecimento das linhas de produção com peças e matérias primas e o fluxo de produto finalizado para o armazém. O WMS opera baseando-se no BOM (*Bill of Materials*), ou seja, tudo que é necessário para a produção rodar em termos de peças e insumos, baseado em listas previamente elaboradas mostrando todas as necessidades em termos de material para produzir uma unidade do produto final (Mecalux, 2023).

4.3.1 Indústria 4.0

A expressão "Indústria 4.0" tem suas origens na Alemanha. Ela foi utilizada em público pela primeira vez em 2011, durante a Hannover Fair, evento realizado na cidade de Hannover com foco em inovações e novas tecnologias industriais. Segundo pesquisadores, o modo de produção de bens e serviços passou por diferentes revoluções industriais nos últimos 250 anos. A indústria 4.0 está relacionada a um desenvolvimento tecnológico que caracteriza uma quarta revolução industrial.

A primeira revolução industrial ocorreu na transição do século XVIII para o XIX e marcou o fim da produção artesanal. Ela foi caracterizada pela utilização industrial do vapor como forma de movimentação de equipamentos e transportes, culminando com a criação das locomotivas e ferrovias. A segunda revolução industrial ocorreu entre os séculos XIX e XX, caracterizando-se pelo desenvolvimento da indústria química e utilização da energia elétrica em larga escala. A terceira revolução industrial caracterizou-se pela incorporação de sistemas eletrônicos e de tecnologia da informação nos processos de produção e gerenciamento das indústrias, especialmente mediante o uso do computador e da internet, marcando o início da automação na fabricação de bens de consumo (SEBRAE, 2018).

A quarta geração industrial apresenta como principais características: interconexão de dados, integração e inovação. Segundo Rüßmann *et al.* (2015), a quarta geração industrial é baseada em nove pilares, de acordo com a Figura 4.5.

Figura 4.5 – Os pilares da indústria 4.0

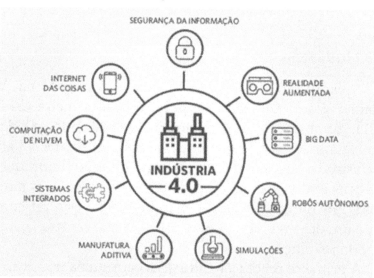

Fonte: LWT Sistemas (2023).

1. *Big data*

Big data é um termo que descreve qualquer quantidade volumosa de dados estruturados, semiestruturados ou não estruturados que têm o potencial de ser explorados para obter informações. Os três Vs de volume, velocidade e variedade caracterizam o conceito de *big data* (Magrani, 2018). O volume de dados é tão grande que não pode ser processado, armazenado e analisado por ferramentas comuns de banco de dados. Em nosso dia a dia, deixamos pegadas digitais em tudo que fazemos. Cada compra que fazemos, cada busca no Google, cada conta que pagamos digitalmente, cada *like* dado no celular, tudo isso deixa nosso rastro que, através de um eficiente sistema de coleta e análise de dados tem um grande potencial comercial. A quantidade de dados, no entanto, não garante a decisão ótima. Dados são fundamentais para a tomada de decisões, mas uma correta seleção dos dados que devem ser analisados, após uma varredura inicial, tornam as decisões mais assertivas. Muitas vezes as decisões que provam não ser as melhores decorrem de uma análise imperfeita da multidão de dados que temos disponíveis.

2. Computação em nuvem

Esse termo surgiu pela primeira vez em 2006, quando o CEO da Google utilizou em uma de suas palestras para descrever os serviços dessa empresa. O conceito de computação em nuvem refere-se à utilização da memória, das capacidades de armazenamento e cálculo de computadores e servidores compartilhados e interligados por meio da internet, seguindo o modelo da computação em grade. A nuvem é uma metáfora para a internet ou infraestrutura de comunicação entre os componentes arquiteturais. Entre

GESTÃO ESTRATÉGICA DE OPERAÇÕES

suas vantagens está a de oferecer elasticidade, permitindo que as empresas usem os recursos na quantidade que forem necessários, aumentando e diminuindo a capacidade computacional de forma dinâmica.

Os serviços de computação na nuvem são divididos em três classes, que levam em consideração o nível de abstração do recurso provido e o modelo de serviço do provedor. As três classes de serviço são nomeadas da seguinte forma: Infraestrutura como Serviço (IaaS), camada inferior; Plataforma como Serviço (PaaS), camada intermediária; e *Software* como Serviço (SaaS), camada superior.

3. Integração de sistemas vertical e horizontal

Uma empresa é composta de uma série de sistemas que funcionam em paralelo ou sequencialmente. Caso esses sistemas não estejam integrados e comunicando-se entre si, ou sejam feitos de forma manual, as informações de um sistema que poderiam ajudar na otimização de outro se perderiam ou levariam muito tempo para alcançar seu destino. Alterações do sequenciamento da produção devido à alteração nas vendas, variações de especificações da matéria prima, características de um produto em processo que poderiam ser compensadas ou corrigidas em uma etapa posterior, são ações que, se não houver uma integração entre os sistemas, acabam ocasionando perda de qualidade e ineficiência. Sistemas integrados são sistemas que se comunicam em tempo real, possibilitando a correção.

Basicamente há duas maneiras de **como fazer integração de sistemas na indústria 4.0**: a horizontal e a vertical. Na integração horizontal ocorre a conexão de todos os setores da cadeia produtiva dentro e fora da empresa, ou seja, desde a análise de mercado, gerenciamento de fornecedores, produção, logística e distribuição. Dessa forma, há mais harmonia e sincronização entre as etapas do processo, a demanda dos fornecedores é ajustada à demanda dos clientes, redução de estoques tanto de matéria-prima quanto de produto em processo e produto final, e cumprimento de prazos de entrega. Para a empresa como um todo são muitos os benefícios, tanto em relação ao aspecto econômico (redução de estoques e de desperdício) quanto de qualidade (menos produtos não conformes) e atendimento das expectativas dos clientes (entrega dentro do prazo e com as quantidades e as especificações que o cliente espera).

Na integração horizontal há a transmissão de informações entre todos os níveis da empresa, desde a operação até a direção. Uma empresa que opera diferentes sistemas em diferentes níveis, como: com um CLP (controlador lógico programável) que fornece a interface das máquinas com a operação ao nível da produção; com o sistema de supervisão e aquisição de dados SCADA (*Supervisory Control and Data Acquisition*); com um MES para a gestão dos processos produtivos (*Manufacturing Execution System*); com o ERP (*Enterprise Resource Planning*) na gestão corporativa, e o PLM (*Product Lifecycle Management*) na gerência de produtos, tem um grande potencial para a otimização na tomada de decisão a partir do momento em que conseguir integrá-los. Essa conexão de dados e informações entre os diferentes níveis de sistema auxiliam que decisões sejam tomadas levando em conta um cenário mais abrangente para análise e que os sistemas, conectados entre si, executem as operações necessárias tendo em vista a otimização do todo e não somente das partes. Um exemplo de integração horizontal de sistemas pode ser visualizado na Figura 4.6.

Figura 4.6 – Integração vertical de sistemas

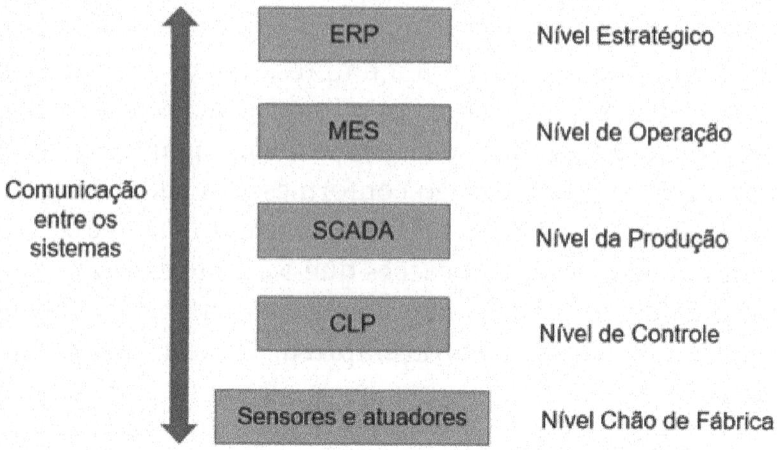

Fonte: Elaborada pelos autores (2024).

4. Inteligência artificial

Inteligência artificial (IA) é a capacidade de dispositivos eletrônicos de funcionar de uma maneira humana. Isso quer dizer que através de algoritmos (sequência de instruções dadas a uma máquina) o sistema com IA pensa de maneira lógica e cria soluções para diferentes situações. Um momento ícone para a IA ocorreu em 1997, quando o programa de computador Deep Blue venceu pela primeira vez o então campeão Garry Kasparov em uma partida de xadrez. Alguns pesquisadores traçam a origem da IA a Alan Turing (1912-1954), que propôs o teste que leva seu nome. Esse teste foi projetado para fornecer uma definição operacional satisfatória de inteligência. Segundo Russell e Norvig (2013), um computador passará no teste se um interrogador humano, depois de propor algumas perguntas por escrito, não conseguir descobrir se as respostas escritas vêm de uma pessoa ou de um computador. Para não conseguir fazer essa distinção, o computador deve realizar raciocínios como os humanos fazem que inclua processamento em linguagem natural, para permitir que ele se comunique com sucesso em um idioma natural; representação de conhecimento, para armazenar o que sabe ou houve; raciocínio automatizado, para usar as informações armazenadas com a finalidade de responder a perguntas e tirar novas conclusões; aprendizado de máquina, para se adaptar a novas circunstâncias e para detectar e extrapolar padrões. Além disso, dentro do que hoje se considera IA, o computador deve ter visão computacional para perceber objetos e capacidade para movimentar-se e mover objetos (Russell; Norvig, 2013).

Até antes do advento da IA, as máquinas estavam limitadas a resolver problemas através de caminhos definidos, sem a capacidade de avaliar uma situação de maneira mais geral e não levando em consideração aspectos que os humanos levavam, como a capacidade de aprender a partir de soluções anteriores. Com a IA, as máquinas passaram a poder resolver problemas que até então somente eram resolvidos por inteligência humana. Entre as aplicações, estão aprendizado de máquina, mineração de dados, reconhecimento facial, diagnóstico por imagem, e modelos de linguagem como o ChatGPT.

Machine learning, ou aprendizado de máquina significa que os algoritmos por trás da IA conseguem ir melhorando seu funcionamento pela experiência ou exemplos coletados em bancos de dados. Mineração de dados é uma técnica que permite processar e explorar grandes conjuntos de dados em busca de padrões e regras de associação. A mineração de dados transforma dados brutos em conhecimento

GESTÃO ESTRATÉGICA DE OPERAÇÕES

prático. Uma utilização prática das regras de associação é quando um cliente compra um item *online*, como um livro de determinado assunto, e surgem novas indicações daquele assunto para que o cliente se interesse e compre o outro item. O <u>reconhecimento facial</u> é a capacidade de associar uma imagem humana digitalizada com uma imagem em um banco de dados. A câmera detecta e localiza a imagem de um rosto, a seguir o sistema transforma as informações analógicas desse rosto em um conjunto de informações digitais (códigos matemáticos) que são comparadas com um banco de dados de rostos do sistema. O <u>diagnóstico por imagem</u> inclui radiologia convencional, tomografia, ressonância magnética e ultrassonografia, todas utilizando tecnologias para obter imagens e assim investigar de forma não invasiva a forma e o funcionamento de órgãos e tecidos internos. Os <u>modelos de linguagem</u> aprendem a gerar ou processar textos baseado em exemplos e treinamentos. Esse sistema de IA pode fazer traduções de textos, gerar textos, analisar sentimentos ou o tom de um texto e fazer resumos automáticos. O mais difundido atualmente é o *Generative Pre-trainning* (GPT), um modelo de linguagem que usa aprendizagem profunda para produzir textos semelhantes aos produzidos por humanos. O ChatGPT é um assistente virtual inteligente no formato *chatbot online* com inteligência artificial desenvolvido pela OpenAI.

5. Internet das coisas (IoT)

Existem diferentes conceitos de Internet das Coisas (*Internet of Things, IoT*). Mas, de um modo geral, todos concordam que é a forma como computadores, sensores e objetos interagem uns com os outros e processam informações/dados em um contexto de hiperconectividade, ou seja, há uma progressiva automatização de setores inteiros da economia e da vida social com base na comunicação máquina-máquina (Magrani, 2018). A internet das coisas poderá trazer uma série de benefícios tanto à nossa vida cotidiana quanto aos ambientes industriais e de serviço. Uma maior conectividade na área da saúde proporcionará uma interação muito mais rápida entre médico, paciente, exames, diagnóstico e ação, por exemplo. Na área industrial, a conectividade entre robôs deixará os processos muito mais otimizados e capazes de detectar anomalias e se autocorrigir.

6. Realidade virtual

Segundo Pinho e Kirner (2023) "a Realidade Virtual (RV) vem trazer ao uso do computador um novo paradigma de interface com o usuário. Neste paradigma, o usuário não estará mais em frente ao monitor, mas sim, sentir-se-á dentro da interface". A realidade virtual é uma técnica avançada de interface, onde o usuário pode realizar imersão, navegação e interação em um ambiente sintético tridimensional gerado por computador, utilizando canais multissensoriais. O usuário entra no espaço virtual das aplicações e visualiza, manipula e explora os dados da aplicação em tempo real, usando seus sentidos, particularmente os movimentos naturais tridimensionais do corpo.

Relacionado à RV, há a Realidade Aumentada (RA), que na indústria, por exemplo, permite uma integração em tempo real com informações e dados provenientes dos processos. Essa tecnologia permite o acompanhamento virtual em tempo real dos dados e a operação de equipamentos por parte dos operadores, possibilitando uma ação imediata por parte destes. Entre as vantagens da utilização da RA na indústria estão a prevenção de acidentes nas máquinas (redução do risco), uma maior efetividade dos treinamentos

GESTÃO ESTRATÉGICA DE OPERAÇÕES

e das capacitações, um mais rápido diagnóstico de problemas de manutenção e correção de problemas operacionais.

7. Robôs autônomos

Robôs autônomos são robôs concebidos para ter um determinado nível de autonomia, agindo de acordo com a necessidade. Eles são basicamente utilizados para a realização de tarefas repetitivas ou não, e trazem benefícios como otimizar a operação (livre de eventuais erros humanos), exercer operações perigosas, eliminar desperdícios e amplia a qualidade dos produtos. Eles podem ser utilizados nas mais diferentes áreas, mas predominam nas indústrias devido ao trabalho pesado e repetitivo. Podem, no entanto, ser utilizados na medicina

Para determinadas aplicações, os robôs autônomos podem estar equipados com o sistema AMR (*Autonomous Mobile Robot*), conhecido pelo diferencial de estratégia de navegação natural ou por contorno que, por métodos como o SLAM (*Simultaneous Locaization and Mapping*), realiza uma navegação autônoma, desviando de obstáculos dinâmicos em seu percurso e replanejando rotas alternativas automaticamente quando situações de bloqueio são identificadas. Esses robôs têm tido uma aplicação crescente nos processos logísticos de fábricas e centros de distribuição. A escolha do robô envolve uma série de aspectos, tais como o grau de liberdade, ou seja, quantos eixos deve possuir para realizar os movimentos da aplicação; a zona de trabalho, quanto espaço terá para realizar tarefas e o alcance necessário; a carga a suportar; velocidade de movimentação e a repetibilidade da tarefa (Indústria 4.0, 2023).

8. Segurança cibernética

Em um cenário da indústria 4.0 com amplo uso da internet e em que as transações são em grande parte virtuais, como compras com cartões de crédito, aplicativos bancários, listas de clientes etc., os dados pessoais podem ficar expostos e os indivíduos podem sofrer extorsões. Chamamos de ataque cibernético um evento intencional de violação e obtenção de acesso não autorizado a um sistema de computador, rede ou instalações conectadas (Amazon, 2023). Segurança cibernética é a prática de proteger sistemas essenciais e informações sensíveis contra ataques digitais. O custo de um ataque com violação de dados pode ser muito grande, pois inclui a despesa de descobrir e responder à violação, o custo do tempo de inatividade e da perda de receita, e os danos à reputação da empresa (IBM, 2023).

Entre as ameaças mais comuns de ameaça cibernética está o *malware*, um nome genérico que significa *software* mal-intencionado. Ele abrange uma gama de *softwares* criados para invasões de sistemas de dados para obter informações sigilosas ou para interromper o funcionamento do sistema. *Ransonware* é um tipo de *malware* que bloqueia arquivos, dados ou sistemas, e ameaça apagar ou destruir os dados, ou tornar públicos os dados privados ou sensíveis, a menos que um resgate seja pago aos criminosos cibernéticos que lançaram o ataque. *Phishing* é uma forma de engenharia social que engana os usuários para que forneçam suas próprias informações que os identificam pessoalmente ou informações sensíveis (IBM, 2023). Um ataque *man-in-the-middle* envolve uma parte externa que tenta obter acesso não autorizado por uma rede durante uma troca de dados. Um *Denial of Service* (DoS) é uma negação de Serviço, usada para bloquear intencionalmente um determinado site da Internet para impedir ou dificultar atividades de negócios e comércio. Esse ataque se caracteriza por uma sobrecarga com solicitações falsas que acaba travando o servidor ou *website* com tráfego, geralmente de múltiplos sistemas coordenados (Comer, 2016).

Em virtude desses riscos, a segurança cibernética tornou-se imprescindível para as empresas e uma profissão promissora para os especialistas na área. Uma estratégia de segurança cibernética requer uma abordagem coordenada que envolva as pessoas, processos e tecnologia da organização. Inicialmente, esses especialistas avaliam os riscos de segurança de sistemas de computação para então criar uma estrutura de segurança cibernética completa e implementar medidas protetivas. A segurança de rede é a proteção de segurança cibernética para computadores e dispositivos conectados a uma rede. Equipes de TI usam tecnologias de segurança de rede como *firewalls* e controle de acesso à rede para regular o acesso do usuário e gerenciar permissões para ativos digitais específicos. A segurança na nuvem descreve as medidas que a organização aplica para proteger dados e aplicações em execução na nuvem. A segurança de dados protege dados em trânsito e em repouso com um sistema de armazenamento robusto e transferência de dados protegida (Amazon, 2023). A segurança da infraestrutura essencial envolve práticas para proteger os sistemas de computadores, redes e outros ativos dos quais a sociedade depende para a segurança nacional, a saúde econômica e/ou a segurança pública (IBM, 2023).

9. Simulação e impressão 3D

A simulação de processos é a representação virtual de um processo por meio de um modelo computacional matemático. Segundo Bateman *et al.* (2013, p. 1), "a possibilidade de criar e simular fenômenos desejados permite conferir quão representativas seriam as mudanças, colaborando, dessa forma, com a tomada de decisões". Esses experimentos nos permitem realizar testes com diferentes alternativas no processo e visualizar o comportamento para cada escolha. A simulação pode prever resultados. Caso não se esteja satisfeito com os resultados obtidos de um experimento, modificações podem ser feitas nas variáveis de entrada. Como as empresas estão em um cenário inconstante, que pode ser afetado por uma série de variâncias do meio em que estão inseridas, a simulação torna-se uma ferramenta útil de para o planejamento de respostas caso alguma alteração ocorra no ambiente. Desse modo, a adoção de simulação de processos produtivos resulta em uma série de benefícios, tais como otimização de recursos, previsão de cálculo de perdas, ociosidade de equipamentos e possibilidade de planejamento a longo prazo.

A impressão 3D, também chamada de impressão aditiva, surgiu em 1984 e vem sendo aplicada nas mais diferentes áreas. A fabricação de objetos em uma impressora 3D consiste na deposição de materiais em camadas, com base em um modelo digital da peça a ser fabricada. Contrariamente a um processo de usinagem de uma peça, em que o material é removido de um bloco ou cilindro, por exemplo, na impressão 3D há a deposição de material segundo um modelo computacional da peça que se quer imprimir previamente elaborado por um *software* adequado. Uma vantagem obvia desse processo em relação a uma usinagem é evitar a sobra de material oriundo do desgaste da peça original. Existem três principais modelos de impressão: modelagem por fusão e depósito, sinterização seletiva a laser e estereolitografia. No primeiro e mais difundido modelo, um bico injetor esquenta o filamento de material de impressão e o deposita em uma base. O bico injetor se movimenta ao longo do plano, depositando o material para dar forma

4.4 Indústria 5.0

Depois do que foi visto em termos de tecnologia da Indústria 4.0, parece difícil conceber a ideia da Indústria 5.0 com ainda mais tecnologia. Outro ponto discutido é se a indústria 5.0 já está entre nós, ao menos em alguns campos específicos, ou se ainda é uma discussão conceitual. De qualquer forma, algumas de suas características já são consenso entre os especialistas. Certamente novas tecnologias estarão presentes, mas o que a diferencia da Indústria 4.0 é a presença do ser humano em uma colaboração mais direta com as máquinas através de sua criatividade e de seu pensamento crítico. Se, por um lado, a Indústria 4.0 se caracteriza pela automação dos processos, a Indústria 5.0 recoloca o aspecto ou toque humano em combinação com as máquinas. Ou seja, homem e máquina dividindo o espaço de trabalho. Por isso, a Indústria 5.0 é também chamada de Indústria Colaborativa. Uma das razões para não dispensar esse aspecto humano é devido à evolução do mercado e suas exigências, pois a tendência é que os clientes exijam um maior grau de personalização nos produtos. Esse aspecto, segundo os especialistas, necessita da percepção humana, que as máquinas ainda não possuem.

Um importante pilar da Indústria 5.0 é sustentabilidade, na forma de bioeconomia ou economia circular. Segundo Pereira e Santos (2022), a indústria 5.0 é um conceito visionário que considera a sustentabilidade, a centralidade no ser humano, a resiliência organizacional e a colaboração ser-humano máquina como uma tendência para o futuro da indústria. Nahavandi (2019) ressalta o aspecto de que na indústria 5.0 os robôs interagem com o cérebro humano e trabalham em colaboração com ele, e não mais em um sentido de concorrência para substituir o trabalho humano. Como ainda é um conceito incipiente, sendo desenvolvido por diferentes abordagens, há certa disparidade no que seu conceito abrange. É possível, no entanto, identificar um alinhamento no sentido da indústria 5.0 fornecer uma visão que vai além da eficiência e produtividade como os únicos objetivos, reforçando o papel e a contribuição da indústria para a sociedade. Outra questão que parece ter adesão dos pesquisadores e enfatizada pela Comissão Europeia, é o fato desta nova revolução lidar com os aspectos da tecnologia e da vida humana que não são acobertados na Indústria 4.0 (European Comission, 2021).

Um caso da indústria 4.0

Os casos descritos a seguir exemplificam a aplicação de alguns dos pilares da indústria 4.0 vistos anteriormente. A indústria 4.0 difere de sua antecessora quando a máquina gera dados através de sensores e estabelece uma comunicação ampla com outras máquinas da linha. A robotização não é uma caraterística inovadora da indústria 4.0, pois robôs já existem em linha de produção automotiva desde os anos 1960. Atividades repetitivas foram as primeiras a serem substituídas por um movimento mecânico simples. A novidade da indústria 4.0 é a possibilidade de conexão entre essas máquinas de modo que elas operem em conjunto e autocorrijam-se quando necessário, alinhando-se com o conceito de autonomação oriundo do Sistema Toyota de Produção. A geração e a armazenagem de dados foi outra capacidade gerada por tecnologia oriunda da indústria 4.0. Esses dados são armazenados em nuvem e processados por data *analytics* ou inteligência artificial, sendo gerada uma informação útil que pode permitir que decisões sejam tomadas em tempo real.

No momento em que uma fábrica passa a adotar tecnologias da indústria 4.0, ela passa a prescindir de atuação humana em várias etapas de sua produção. Em fábricas desse tipo, não é comum ver operadores deslocando-se entre as máquinas, mas sim um operador em uma sala de controle geral observando todas as informações geradas pelas próprias máquinas durante sua operação. Devido ao volume de informação, o sistema, atuando através de um MES (*Manufacturing Execution System*), organiza essas informações, compara-as com o que foi estabelecido, e demonstra-as através de gráficos e cartas de controle. Essa visualização fica disponível para o operador, embora muitas vezes em uma fábrica inteligente, as próprias máquinas autocorrigem-se para buscar os padrões estabelecidos ou para ajustarem-se a novas especificações do produto.

Com a crescente diversificação de produtos e a participação do cliente em ambientes de coprodução, quando há uma customização extrema dos produtos de uma linha, é extremamente trabalhoso realizar os ajustes de máquinas para as caraterísticas específicas de cada produto. Por essa razão, tecnologias que simplifiquem e otimizem uma linha de produção de forma a possibilitar a produção de variados produtos significa uma grande vantagem competitiva à empresa.

A BASF, uma gigante alemã na área química, ampliou enormemente sua linha de produtos ao longo do século XX e XXI. Atualmente, a BASF tem 11 divisões agrupadas em seis segmentos: produtos químicos, materiais, soluções industriais, tecnologias de superfície, nutrição e cuidados, soluções agrícolas. O segmento nutrição e cuidado responde por bens de consumo de rápida movimentação e grande volume de produção, normalmente produtos padronizados, de baixa ou nenhuma customização. Com tecnologias disponíveis da indústria 4.0, a BASF desafiou esse paradigma e montou uma linha customizada de produção em massa, originalmente característica desse tipo de produto.

Em um protótipo de fábrica inteligente da BASF, em Kaiserslautern, o *set up* da máquina é feito em tempo real, na hora, de acordo com o que o cliente especificou. Tudo inicia com o cliente colocando um pedido via site, *online*. Esse pedido entra em tempo real na sequência de produção da fábrica, na mesma linha de produção que outros produtos do mesmo tipo estão sendo feitos, por exemplo, xampus e sabonetes líquidos personalizados. Cada recipiente desse produto tem uma etiqueta RFID de radiofrequência que fornece informações para as máquinas, por exemplo, que tipo de sabonete, fragrância, cor da tampa do frasco e rotulagem requer. Através dessas informações, as máquinas autoajustam-se para executarem as características do produto que o cliente havia requerido. Com isso, embora seja uma linha de produção única, cada recipiente tem a possibilidade de ser diferente dos outros sem a necessidade de interrupção da linha para os ajustes e regulagens manuais dos equipamentos (*set up*) (Diário do Comércio, 2018).

REFERÊNCIAS

AMAZON. O que é segurança cibernética? Disponível em: https://www.aws.amazon.com/pt/what-is/cybersecurity/ Acesso em 19 abr. 2023.

BATEMAN, R. E.; BOWDEN, R. O.; GOGG, T. J.; HARRELL, C. R.; MOTT, J. R.; MONTEVECHI, J. A. B. **Simulação de sistemas: aprimorando processos de logística, serviços e manufatura.** Rio de Janeiro: Elsevier, 2013.

BIOSETA. **Tripé da sustentabilidade.** Disponível em: http://www.bioseta.com.br/wp-content/uploads/triple. Acesso em mar. 2023.

BRASIL. Lei nº 12.305, de 02/08/2010. **Política Nacional de Resíduos Sólidos.** Disponível em:<www.planalto.gov.br/ccivil_03/ato2007-2010/lei/112305.htm>, acesso em: 15 mar. 2023.

CNI – Confederação Nacional da Indústria. **Economia circular: oportunidades e desafios para a indústria brasileira.** Brasília: CNI, 2018.

COMER, D. E. **Redes de Computadores e Internet.** 6. Ed. Porto Alegre: Bookman, 2016.

DIÁRIO DO COMÉRCIO. **Transformação digital: Indústria 4.0 e fábrica inteligente.** Disponível em https://diariodocomercio.com.br/negocios/transformacao-digital-industria-4-0-e-fabrica--inteligente/, 2018. Acesso em: 09 maio, 2023.

ELLEN MACARTHUR FOUNDATION. **Towards the circular economy: economic and business rationale for an accelerated transition.** Cowes: [s.n.], 2014. v. 3.

REFERÊNCIAS

EUROPEAN COMMISSION. **Industry 5.0: Human-Centric, Sustainable and Resilient**. European Commission, Directorate--General for Research and Innovation: Luxembourg, 2021.

FIT ENGINEERING SYSTEMS. **Indústria 4.0: Quais os desafios e impactos na manufatura?** Disponível em https://www.fit--tecnologia.com.br/processos-de-manufatura-na-industria -40/ Acesso em 19 abr. 2023.

IBM. **O que é segurança cibernética**. Disponível em: https://www.ibm.com/br-pt/topics/cybersecurity. Acesso em 19 abr. 2023.

INDÚSTRIA 4.0. Disponível em: https://www.industria40.ind.br/noticias/21451-robos-industriais-ganham-destaque-industria-40-por-agregar-maior-velocidade-a-producao-tornando-a-eficaz-precisa. Acesso em 20/04/2023.

LWT SISTEMAS. Disponível em: https://www.lwtsistemas.com.br/2018/06/04/10-pilares-da-industria-4-0/. Acesso em 10 nov. 2023.

MAGRANI, E. **A internet das coisas**. Rio de Janeiro: FGV, 2018.

MECALUX. **Sistema MES: o que é e suas diferenças com ERP e WMS**. Disponível em: https://www.mecalux.com.br/blog/sistema-mes-manufacturing-execution-system. Acesso em 24 abr.2023.

NAHAVANDI, S. Industry 5.0 – A Human-Centric Solution. **Sustainability**. 2019; 11(16):4371. https://doi.org/10.3390/su11164371.

NETO, J. A. **Sustentabilidade e Produção**. Material de aula. Escola Politécnica da Universidade de São Paulo, 2020.

PEREIRA, R.; SANTOS, N. dos. **Indústria 5.0: reflexões sobre uma nova abordagem paradigmática para a indústria.** XLVI Encontro da ANPAD. *Online.* 21-23 set. 2022.

PINHO, M. S.; KIRNER, C. **Uma introdução à realidade virtual.** Disponível em https://www.inf.pucrs.br/grv/tutorials/introducao-a-realidade-virtual/. Acesso em 12 abr. 2023.

RÜßMANN, Michael et al. Industry 4.0: **The Future of Productivity and Growth in Manufacturing Industries.** 2015. Disponível em: <http://www.bcgperspectives.com/content/articles/engineered_products_project_business_industry_40_future_productivity_growth_manufacturing_industries/>. Acesso em: 10 abr. 2023.

RUSSELL, S.; NORVIG, P. **Inteligência artificial.** Rio de Janeiro: Elsevier, 2013.

SAP. **What is MES (manufacturing execution system)?** Disponível em: https://www.sap.com/products/scm/execution-mes/what-is-mes-manufacturing-execution-system.html. Acesso em 24 abr., 2023.

SEBRAE. **Indústria 4.0: a moda a caminho do futuro.** Rio de Janeiro: SEBRAE, 2018.

UNDP – UNITED NATIONS DEVELOPMENT PROGRAMME. **The SDGs in action.** Disponível em: https://www.undp.org/sustainable-development-goals. Acesso em abr. 25, 2023.

UNICEF. **Objetivos de Desenvolvimento Sustentável.** Disponível em: https://www.unicef.org/brazil/objetivos-de-desenvolvimento-sustentavel. Acesso em 25 abr., 2023.

WEETMAN, C. **Economia circular. Conceitos e estratégias para fazer negócios de forma mais inteligente, sustentável e lucrativa**. São Paulo: Autêntica, 2019.

WWF. **Pegada ecológica**. Disponível em: <http://www.wwf.org.br/natureza_brasileira/especiais/pegadaecologica/> Acesso em abr. 2023.